オーストラリアの
ワーキングホリデーメーカー
のすべて

ブルース・ユン

DEDICATION

すべての冒険心溢れる魂たちに捧げる。オーストラリアをワーキングホリデービザで探索しに飛び込んだあなたたちへ、この本を捧げます。あなたたちが経験すること、そして作り上げる思い出が一生続くことを願っています。あなたたちの勇気、好奇心、そして努力は、私たち全員にとってのインスピレーションです。このガイドがあなたの旅の有益なパートナーとなり、オーストラリアでの時間が驚きと成長、そして喜びに満ちたものでありますように。

目次

ACKNOWLEDGMENTS

私はこの本を作業している間、家族が絶え間なく忍耐と支援をしてくれたことに、最も深い感謝の意を表したいと思います。パートナーには、私が研究や執筆、編集に費やした数え切れない時間を理解してくれたことに感謝します。忙しいスケジュールや家族の集まりからの長い不在に対するあなたの忍耐力は本当に素晴らしいものでした。

入りながら

オーストラリアは、世界で最も美しい自然景観と多様な文化的魅力を持つ場所であり、毎年多くの旅行者が訪れる名所です。その中でも、ワーキングホリデーは、オーストラリアで働きながら様々な経験を積むことができるビザであり、オーストラリアでの異なる経験を求める人々の間で人気があります。

オーストラリアのワーキングホリデービザは、18歳から30歳の若者がオーストラリアで雇用され、1年間様々な経験を積むことができるビザです。オーストラリアで働きながら様々な文化を体験し、様々な人々と交流し、その経験を通じて自己成長することが可能です。

しかし、オーストラリアのワーキングホリデービザを取得するには、多くの手続きが必要です。ビザ申請からオーストラリアでの生活のヒントまで、様々な情報を知ることがオーストラリアでの生活を容易にするのに役立ちます。

この本は、オーストラリアのワーキングホリデービザについて詳しく解説し、オーストラリアでの生活に関する情報も提供します。オーストラリアでの生活に興味がある方や、オーストラリアで新しい経験を求める方にとって、この本は役立つでしょう。

特に、この本では、ワーキングホリデービザの申請手続きや必要な書類、そしてオーストラリアで簡単に仕事を見つける方法についての情報も提供しています。一部のワーキングホリデーメーカーがオーストラリアで1億ウォンを稼いだという話もありますが、それが本当なのかを調べ、それが可能な方法についても考えます。

オーストラリアは無限の可能性の地です。一緒にオーストラリアでの新しい経験を始める旅行に出かけましょう。

第1章 制度及びビザ紹介

ワーキングホリデー（ウォーホル）ビザとは？

ワーキングホリデーメーカー（WHM）プログラムは、40以上のパートナー国からの若者がオーストラリアの文化、ライフスタイル、雇用機会を体験できるようにする相互協定です。このプログラムは1975年から実施されており、特に若者を対象に、オーストラリアとパートナー国との人的つながりや文化交流を促進するために重要な役割を果たしてきました。WHMプログラムは、18歳から35歳（含む）の若者がオーストラリアで12ヶ月の休暇を取ることを許可し、この期間中に短期の仕事や学習をすることができます。　このプログラムの主な目標は、参加者にオーストラリアの文化や生活スタイルを体験する機会を提供すると同時に、短期の労働に参加して旅行費を補充することです。

WHMプログラムは、オーストラリアとイギリス、アイルランド、カナダ間の観光や文化交流を促進するために1975年に初めて導入されました。このプログラムは後に韓国を含むさらなるパートナー国に拡大し、現在では世界40カ国以上の若者が利用できるようになりました。

数年にわたり、プログラムは効率性と持続可能性を確保するためにいくつかの変更を経てきました。例えば、2005年にオーストラリア政府は、プログラム参加者が最大12ヶ月間オーストラリアに滞在し、1つの雇用主と最大6ヶ月間働くことができるワーキングホリデーメーカービザを導入しました。

2016年、オーストラリア政府は特定の国の年齢制限を30歳から35歳に引き上げ、プログラムの参加枠を増やすなど、プログラムをさらに変更しました。政府はまた、ビザ申請手数料を引下げ、ワーキングホリデーメーカーに対して15％の税率を導入しました。

このように、オーストラリアのワーキングホリデーメーカープログラムは、1975年の開始以来、オーストラリアとパートナー国との文化交流や人的なつながりを促進する重要な役割を果たしてきました。また、短期の労働を通じて旅行費を補充できるようにするこのプログラムは、効率性と持続可能性を確保するために数年にわたり何度も変更され、世界中の若者たちの間で人気のあるプログラムとして知られています。特に日本の若者にとっては貴重な経験と機会を提供するプログラムとなっており、皆さんもオーストラリアの夢を実現できることを願っています。

オーストラリアのワーキングホリデーメーカープログラムは、1975年の創設以来、オーストラリアとパートナー国との文化交流と個人的なつながりの促進において重要な役割を果たしてきました。若者が短期の仕事を通じて旅行資金を補うことができるプログラムとして、多くの貴重な経験を積むことができるよう、年々改善されてきました。それは特に若者にとって人気のあるプログラムであり、貴重な経験と機会を提供しています。私たちは、あなたもこのプログラムを通じてオーストラリアを探索する夢を実現できることを願っています。

オーストラリアのワーキングホリデービザには2つのサブクラスがあります：サブクラス417とサブクラス462があります。

サブクラス417は、ワーキングホリデービザとしても知られており、日本、アメリカ、カナダ、イギリス、および一部のヨーロッパ諸国の市民を含む特定の国の市民に利用可能です。このビザは、特定の条件の下で、最大12か月間オーストラリアで働きながら旅行することを許可します。さらに、条件を満たす場合、もう12か月間延長することもできます。

サブクラス462、またはワークアンドホリデービザとしても知られているものは、アルゼンチン、チリ、インドネシア、タイ、トルコなど特定の国の市民に利用できます。このビザも最大12か月間オーストラリアで働き、旅行することができます。特定の条件の下でさらに12か月間延長することもできます。

両方のビザは年齢要件や労働制限など多くの類似点を共有していますが、主な違いは各サブクラスの対象国リストです。申請前に各サブクラスの対象国リストを確認することが重要です。

ウォーホルビザの資格

1980年に日本とオーストラリアの間でワーキングホリデービザの協定が締結され、18歳以上で家族を養う義務のない若者はワーキングホリデービザを取得することができるようになりました。以降、毎年約5,000〜6,000人近くの日本の若者がオーストラリアの文化や制度を経験しながらお金を稼ぐ機会が開かれるようになりました。

2020年から世界的なコロナの影響で、オーストラリアの国境が閉鎖され、2022年から完全に開放されました。2023年2月現在、ワーキングホリデービザは1次、2次、3次に分けられ、全てのビザで3年間オーストラリアに滞在することができます。つまり、30歳でオーストラリアにワーキングホリデーとして入国した場合、合法的に3年間滞在することができるということです。

一次ビザ申請の資格は次のとおりです。

1. 以前はワーキングホリデービザに入国したことがない人

2. 申請時点の年齢が満18歳以上30歳（含む）の間[1]

3. 有効な日本パスポート保有者

4. ワーキングホリデー期間中に使える十分な資金がある者（オーストラリア化約5,000ドル相当）

5. 身体検査に欠格理由がない人

6. 犯罪記録[2]がなく人性要件を満たしている人

ビザを受ければ自由に仕事をすることができるが、同じ雇用主の下で6ヶ月以上働くことはできません。　学校で勉強は最大4ヶ月まですることができ、もし勉強を続けたい場合は学生ビザに変更しなければならない。　もし二次ビザを計画しているなら、必ず3ヶ月以上は指定された産業で仕事をしたという証明が必要なので参考にしてほしい。

---

[1] カナダ、イタリア、フランス、デンマーク、アイルランドなどのパスポート所持者は35歳まで可能

[2] 過去10年間で12ヶ月以上滞在したすべての国の警察身元照会が要求される

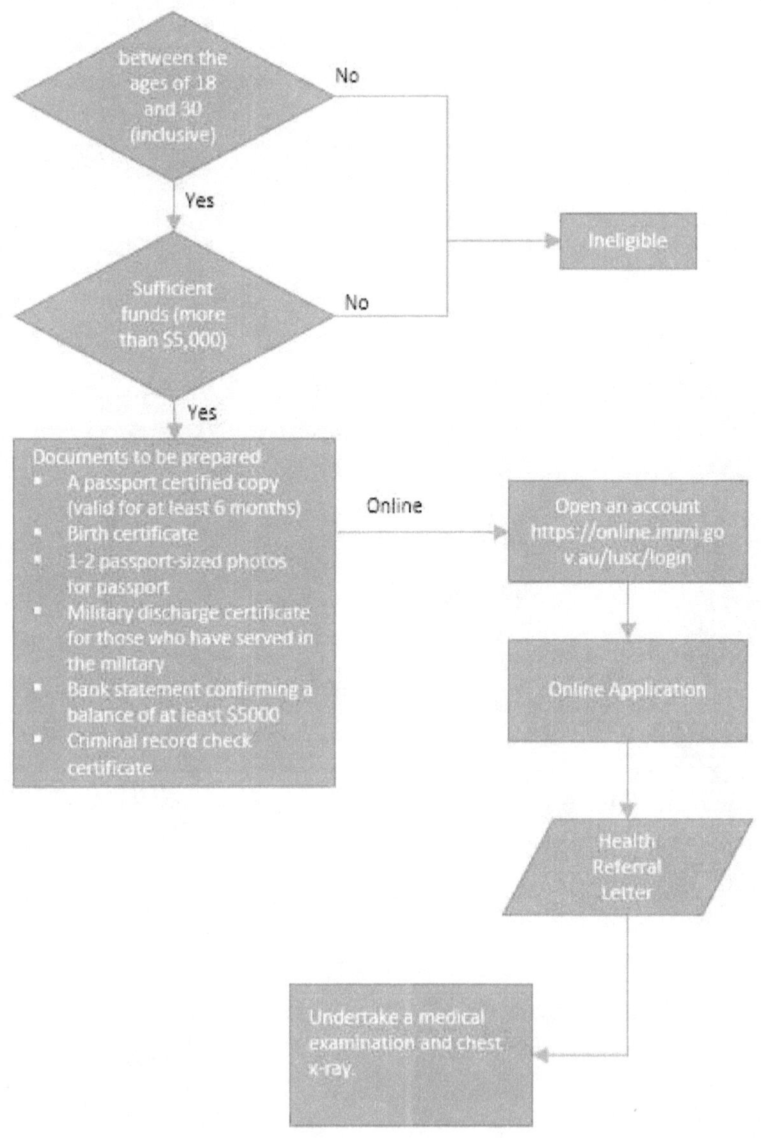

もし、あなたまたはあなたと一緒にビザを申請しない家族の誰かがオーストラリア政府に借金がある場合、その借金は返済済みであるか、返済するための手続きが整っている必要が

あります。

待って！オーストラリアの常識

オーストラリアの電力は 240V で 50Hz であり、コンセントの形状も日本とは異なります。日本の 100V の電化製品を持ち込み、変圧器を介して電力供給を行えば、ほとんどの機器は動作する可能性がありますが、感度の高いセンサーがある製品の場合、寿命が短くなることがあります。そのため、日本の感度の高い電化製品を使用する場合は、必ず変圧器を介して使用することが望ましいです。

書類の準備

一次ビザ申請には、次の書類が必要である。

- パスポート

- 出生届出書 (親名が記載されているもの)

- 銀行残高証明書 (オーストラリア化5,000ドル以上)

- 犯罪経歴証明書

- 名前が変更された場合 改名証明書

- 過去10年間、海外で12ヶ月以上滞在した者は、該当国の犯罪経歴照会書を発行しなければならない。

上記の書類を用意したらPDFファイルにスキャンしてアップロード準備をすればよい。 参考までに、オーストラリアではすべての文書が英語で提出される必要がありますので、もし上記のような文書が英語で発行されていない場合は、公証翻訳を依頼して別途準備する必要があります。

申請費用は2023年2月現在、オーストラリアドルで510ドルですが、 ビザ申請時にはその時点の為替レートを適用して韓国ウォンで支払うことができます。

ビザ申請方法

ビザを取得した後、12か月間は別のビザを申請せずに自由にオーストラリアに出入りすることができます。一部のワーキングホリデービザ保持者は、ワーキングホリデー期間中に日本を訪れた後、再入国時に旅行ビザを取得する場合がありますが、それは全く必要ありませんということです。

ビザ申請のためには、移民代行業者（Migration Agent）を通じたり、移民弁護士を通じて申請することもありますが、それにはビザ申請費用以外に代理人の費用がかかるため、自分自身でビザ申請が可能かどうかや自身の能力と代理人の費用を負担できる経済的な状況を考慮して決定すればよいでしょう。

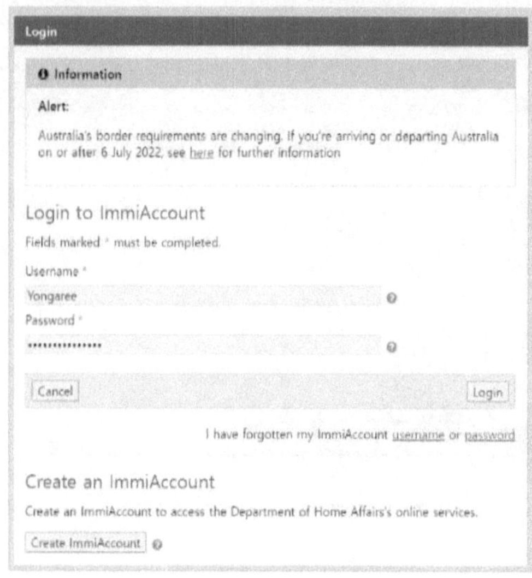

Figure 1-1

もし自分でビザ申請をしたい場合は、まず最初に移民局のウェブサイトにアクセスして自分のアカウントを作成する必要があります。口座を開設するには、移民局のウェブサイトの口座開設ページ（https://online.immi.gov.au/lusc/login）にアクセスし、個人情報を入力して登録します。その後、自分のメールでアカウントをアクティブ化し、すぐに使用できるようになります（図1-1を参照）。

口座を作成したら、自分のアカウントにログインし、画面の左上にある [My Application]->[New Application] にアクセスすると、図1-2と同様の画面が表示されます。

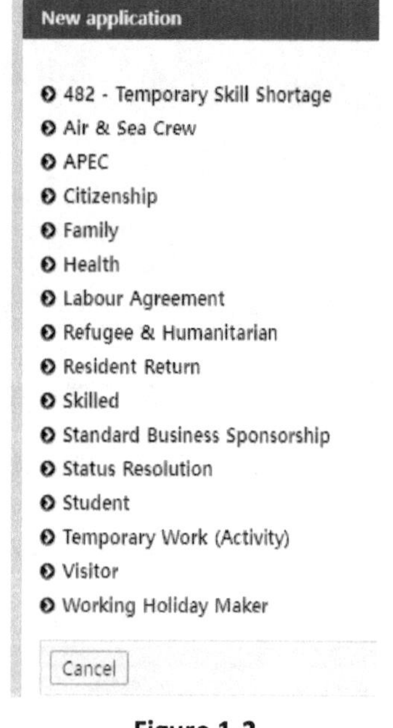

Figure 1-2

ここで、最後のメニューである[Working Holiday Maker]を選択すると、図1-3と同様の2つのメニューが表示されます。

Working Holiday Maker
Work and Holiday Visa (462)
Working Holiday Visa (417)

Figure 1-3

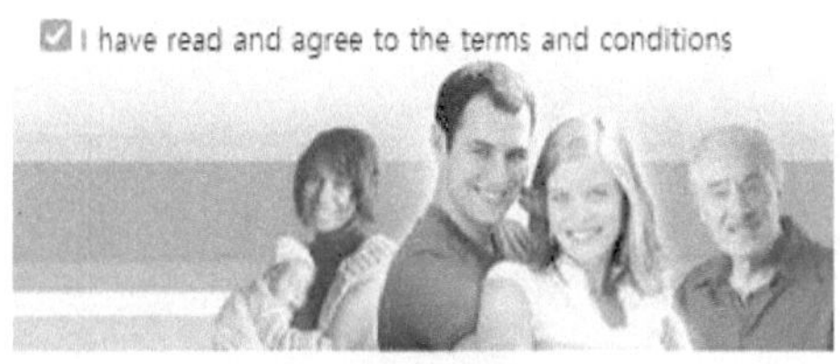

Figure 1-4

日本人はすべて[Working Holiday Visa (417)]を選択する必要があります。 ここで最初に表示される画面は図1-4と同じです。ここから表示される質問に真実を入力し、[Next]ここで最初に表示される画面は図1-4と同じです。ここから表示される質問に真実を入力し、

以下は、いくつかの少し馴染みのない質問を抜粋してまとめたものです。

- **Legal Status (法的資格) -** 日本国籍を持っている場合は、Citizenを選択してください。
- **Will the applicant be accompanied by dependent children at any time during their stay in Australia on this visa?(**このビザでオーストラリアに滞在する際、同伴

する子供がいる予定ですか？）- 回答は「No」です。もし「Yes」と答えると、申請資格がないことになります。

- **Place of issue / issuing authority:** (発行元/発行機関)-

日本人は、パスポートに記載されている通り、"Ministry of Foreign Affairs" と 記入します。

- **Place of birth** (出生地) - 自身の出生地の市町村までを記入します。出生地の詳しい住所は必要ありません。例えば、

  Town / City: Chiyoda-ku
  State / Province: Tokyo
  Country of birth: JAPAN

- **Authorised recipient** (承認された受信者) - これは直接申請するため、"No"と答えればよいです。

- **Health declarations** と **Character declarations**の質問には、ほとんどの場合「No」と回答する必要があります。

- **Has any applicant ever served in a military force, police force, state sponsored / private militia or intelligence agency (including secret police)?**(応募者は、軍隊、警察、国家支援/民兵組織、情報機関（秘密警察を含む）で勤務した経験がありますか？）

そして、Working holiday declarationsとDeclarationsの質問にはすべて「Yes」と答える必要があります。

オンラインフォームをすべて入力すると、最後に証明書類を添付する画面が表示されます。準備した書類をシステムに一つずつアップロードしてください。

ビザ申請情報を入力し、申請手数料510ドル（2023年5月現在）をオンラインで支払うと、ビザ申請は完了します。

待って！オーストラリアの常識

都心から離れた長距離旅行を車で行く場合、ガソリンスタンドが見えたらタンクを満タンにして運行することが良いでしょう。オーストラリアは広大な土地で、ガソリンスタンドとガソリンスタンドの間には数百キロの距離があることが多いためです。燃料がちょうど良い感じで残っていると次のガソリンスタンドで入れると考えているうちにトラブルになることがよくあります。

身体検査

次に行うべきことは健康診断です。健康診断を受けるために
は、まずオンラインビザ申請後に表示される「E-Medical
Referral Letter」という項目をクリックして印刷する必要が
あります。そこに必要な情報を記入し、指定された韓国の病
院で健康診断を受ければ良いです。

以下は、日本でオーストラリアのビザ申請のための健康診断
を行うことができる病院の6つの場所と、住所、連絡先です。

1)　　神戸介護病院

　　　　電話 +81 78 871 5201

　　　　住所 兵庫県神戸市灘区新原北町3-11-15

　　　　http://www.kk-hosp.jp/

2)　　大阪開成病院

　　　電話 +81 6 6393 6234

　　　住所 大阪府淀川区宮原1-6-10

　　　https://www.osakakaisei.or.jp/

3)　　聖母国際カトリック病院

　　　電話 +81 3 3951 1111

　　　住所 東京都新宿区中落合2-5-1

　　　https://www.seibo.international/

4)　　東京医療外科クリニック

　　　電話 +81 3 3432 5181

　　　住所 東京都港区芝公園3-4-30 32芝公園ビル1階

　　　http://www.tmsc.jp/

5)　　札幌東徳洲会病院

　　　電話 +81-11-722-1110

　　　住所 北海道札幌市東区北33条東14丁目3-1

　　　https://www.higashi-tokushukai.or.jp/

6)　　あだちまさときクリニック神戸

　　　電話 +81 0 78 855 2753

　　　住所 兵庫県神戸市中央区北野町1-1-11 ANAクラウン

プラザホテル神戸 11階

　　　http://www.adachiclinic.org/

2023年5月現在、日本のほとんどの病院では、オーストラリアのワーキングホリデービザ申請のための健康診断料金は10,000円から20,000円程度です。病院で提出が必要な書類は、パスポート、健康診断料金、パスポート用写真1枚、および図2-1のような E-Medical Referral letterです。

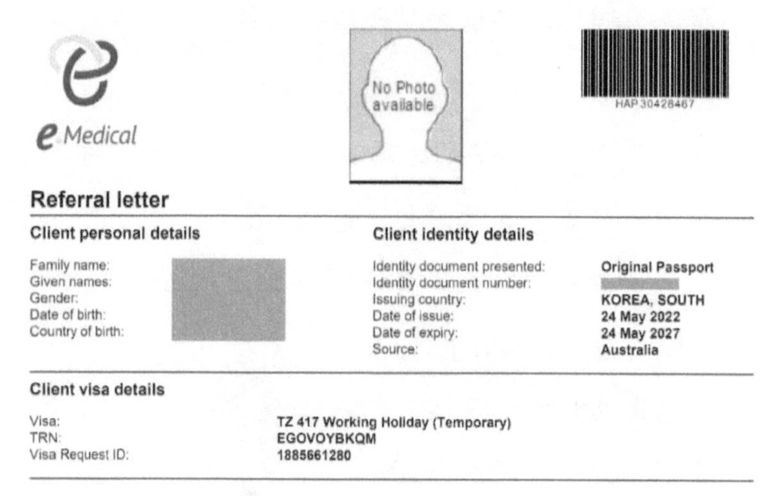

図 2-1

健康診断にかかる時間は約1時間から1時間30分です。

身体検査前の注意事項として

検査時間の2時間前までは空腹を保つ必要があります。

女性は生理期間を避けて健康診断を受ける必要があります。

視力が0.5未満の場合は、矯正視力を併せて測定する必要がありますので、必ず眼鏡をご用意ください。

また、肺疾患の既往歴がある方は、過去の胸部X線の

フィルムを持参する必要があります。

Dear

We have granted you a Working Holiday (subclass 417) visa on 05 January 2023.

Application status

Working Holiday (subclass 417):	**Granted**

Visa conditions

8547 - Employer work limitation
8548 - Study limitation

An explanation of each condition of this Working Holiday (subclass 417) visa is included in this letter.

You can check these conditions at any time by using the Visa Entitlement Verification Online (VEVO) service. The four-digit number presented next to each condition above is used in VEVO to identify each condition that applies to this Working Holiday (subclass 417) visa.

Visa duration and travel

Date of grant	05 January 2023
For first entry, arrive by	05 January 2024

図 2-1

健康診断の結果は、約1〜2週間以内にオーストラリア大使

館を通じて移民局に送信され、申請書類と健康診断結果に問

題がなければ、その後1〜2週間以内に1次ワーキングホリデ

ービザが発給されます。ビザの発給はメールで通知されます

が、これは図2-2のとおりです。これを印刷して、オースト

ラリアに入国する際にパスポートと一緒に持参してください。

ビザが発給されたら、発給日から12か月以内にオーストラ

リアに入国する必要があります。そうしないと、発給された
ビザはキャンセルされます。

2次と3次ウォーホルビザ

　ワーキングホリデービザでオーストラリアに来て、「いいな！もっとここに住みたい！」「この機会にもっとお金を稼ぎたい！」と思ったら、2次・3次ワーキングホリデービザの申請を準備する必要があります。

1次ワーキングホリデー期間中に指定産業で3か月以上働いた場合、2次、6か月以上働いた場合、3次ワーキングホリデービザの申請資格を取得できます。　これは、ほとんどがシドニー、メルボルン、ブリスベン地域から離れた場所で働く必要があるため、最初から人口密度の低い西オーストラリア州、南オーストラリア州、ノーザンテリトリーなどに定住することも有利です。　2次および3次ワーキングホリデービザの資格を取得する目的のみの場合は、仕事を開始する前に、

2次および3次ワーキングホリデービザの申請資格があるか
どうかを雇用主に必ず確認してください。

指定産業の仕事とは、次のようなものを指します。

- 2021年6月22日からオーストラリア北部や非常に遠隔地
  の観光および接待業
- オーストラリアの低人口密度地域での動植物の栽培また
  は馬の飼育
- オーストラリアの低人口密度地域での釣りおよび真珠採
  取
- オーストラリアの低人口密度地域での木材の栽培および
  伐採
- オーストラリアの低人口密度地域での鉱業
- オーストラリアの低人口密度地域での建設
- 山火事被災地域での山火事復旧作業（2019年7月31日以
  降の宣言地域）
- 2022年7月1日以降に申請したワーキングホリデーの場
  合、2022年1月1日以降に洪水復旧地域として宣言され
  た地域でのみ洪水復旧作業
- オーストラリア全域の医療および医療関連分野での重要
  なCOVID-19業務（2020年1月31日以降）

指定された産業内の仕事であっても、以下のような場合は指定された仕事とはみなされないので注意してください。

- 観光および接待業 - レストラン内の清掃、スクールバスの運転、記念品店での販売補助など
- 動植物の栽培または馬の飼育 - 農場での飼料作り、以下のような植物や動物製品の二次加工や提供
    - ワイン醸造、醸造および蒸留
    - チーズ作り
    - 小物の製造
    - 乳製品や肉製品の小売り
    - ワイナリーでのワイン試飲提供
- 鉱業
    - 鉱山会社向けの専門社会科学サービス（人類学や考古学の評価など）の提供
    - 鉱山現場での料理/食事の提供
    - 鉱山敷地や建物内の清掃
- 建設業
    - 船舶/ボートの製造
    - 建設現場で使用される製造材料（例: コンクリートや鋼）
    - 都市計画や建築
- 山火事復旧作業

・山火事の被害を受けていない事業所での接待、清掃、または事務業務

・山火事被災地域以外での建設または改修作業

・2019年7月31日以前に実施された作業

■　洪水復旧作業

・洪水の被害を受けていない事業所の接待、再建、清掃、または管理業務

・洪水復旧作業に関与していない事業所への雇用

・洪水被災地域ではない地域での清掃、建設、またはその他の作業

・2021年12月31日以前に実施された作業

医療・医療部門で重要なCOVID-19作業

・COVID-19と関係のない一般的な管理や清掃作業

・COVID-19以外のケースに対する作業療法や物理療法

■　病院、健康施設、高齢者ケア施設の財務および行政サービス

・COVID-19への直接的な対応ではない精神保健支援業務

・COVID-19以外のワクチンに関する実験室技術者

としての勤務

- COVID-19以外の医学研究

- 個人保護具や個人衛生製品の製造または販売

上記の不適格な職業の例を参考に、指定された業界で3か月以上、または第3回ワーキングホリデービザの場合は6か月以上働く必要がありますが、要求された期間を必ずしも連続して働く必要はありません。**つまり、累積期間が3か月または6か月であれば十分であり、**3か月は週末や祝日を含めた合計88日以上、6か月は179日以上の労働日数に換算される必要があります。

また、すべて同じ職業グループで働く必要はありません。したがって、果樹園で果物を収穫する仕事を一度して、別の時には牧場で家畜を集める仕事をして、合計の日数が88日または179日以上になれば、2次または3次のワーキングホリデービザの申請資格が与えられます。ただし、日数の計算を誤ってしまい、2次のワーキングホリデービザの申請が拒否される場合も稀にありますので、注意して計算し、必ず仕事を終えた後に雇用主からの参照状をもらって保持しておくことが良いでしょう。

2次または3次のワーキングホリデービザの申請は、オーストラリア内で行うこともできますし、1次の場合と同様にオーストラリア外で行うこともできます。どちらの場合も、1次のビザ申請時に作成した移民局のオンラインアカウントを使用してビザ申請を行えばよいでしょう。

待って！オーストラリアの常識

オーストラリアでは、公共の場での飲酒は許可されていない

場合があります。
公園や美しい海岸で気分が良いからといって、勝手にお酒を持ち込んで飲んでしまうと、酒類関連法違反の疑いで罰せられる可能性があります。

第2章 出発前の準備

航空券を予約する

　ワーキングホリデービザを取得したら、次に航空券を予約する必要があります。航空券の価格は大きく異なるため、よく調べて購入することが良いでしょう。特にオーストラリアと日本の休日が異なるため、オフピーク時とピーク時を把握し、航空券を予約することが重要です。

日本航空（Japan Airlines）、全日本空輸（ANA）、スカイマーク航空（Skymark Airlines）など、国内線航空会社の場合、日本語の客室乗務員や和食の提供などの利点があり、他の航空会社と比較して価格がやや高めです。　しかしながら、他の国籍の航空会社の便であっても、日本を出発する路線の場合、少なくとも1〜2名の日本語が可能な客室乗務員を配置し、基本的に日本食を提供するため、マイレージや愛国心など特別な理由がない限り、わざわざ日本航空や全日本空輸などを選ぶ必要はありません。

スカイスキャナー（https://www.skyscanner.co.kr/flights-to/au/cheap-flights-to-australia.html）は、日本のさまざまな都市からオーストラリアのさまざまな都市へのフライトを検索できる人気のある旅行検索エンジンです。2023年5月21日現在、ウェブサイトによると、日本からオーストラリアまでの最も安い往復航空券は97,830円であり、オーストラリアで最も安い旅行先はシドニーです。航空券の価格や利用可能性は変更される可能性があるため、予約する前に最新の情報を確認することが重要です。

それ以外の場合は、各航空会社のウェブサイトを訪問して航空券を探すことが便利です。日本航空やキャセイパシフィック航空、シンガポール航空、マレーシア航空など、自分が好みの航空会社のウェブサイトを検索し、出発日に応じて変動する航空運賃を選ぶことができます。

オーストラリア出発前には、オーストラリア公式観光ウェブサイト（https://www.australia.com/ko-kr/facts-and-planning/getting-around.html）を訪れ、オーストラリアの各地域の特徴や距離などの基本情報を把握することも一つの方法となるでしょう。

航空券を購入する際には、各航空会社ごとに許容される手荷物の重さやサイズが異なるため、自身が持ち込む荷物の重さやサイズも考慮して事前に問い合わせておく必要があります。

もし低価格の航空便を探す場合は、エアアジア（Air Asia）やドラゴンエア（Dragon Air）などの航空会社を利用すれば良いです。ただし、低価格航空会社の場合、接続便に問題が生じた場合、航空会社から何の対策もないことがあり、筆者個人的にはあまりおすすめしませんが、安い価格のために一部の人々には人気があるということも知られています。

参考までに、筆者の経験を紹介いたします。 以前、新型コロナウイルス前に、エアアジアを利用して韓国の両親がオーストラリアを訪れるための航空券を予約した経験があります。釜山にお住まいの両親にとって、釜山空港から出発するエアアジアは仁川空港から出発する他の航空便と比べて便利に感じられ、価格もキャセイパシフィック航空(Cathay Pacific)に比べて安く感じました。ルートは釜山出発→クアラルンプール経由（約3時間滞在）→パース到着でした。両親が快適に来るように、座席も快適な場所に指定し、荷物もそれぞれ約20kg持ってくることができるようにしました。当時、韓国を訪れる予定の娘にもエアアジアが安いと紹介し、娘の韓国の航空券もエアアジアで予約しました。お金も支払い、確認メッセージも受け取り、両親には電子航空券も送りました。

しかし、出発の1週間前にエアアジアからメール連絡を受け取りました。　航空会社の事情により、経済的に合わないためクアラルンプールからパースへの接続便がキャンセルされたとのことです。　代わりに 3日後にパースへのフライトで予約を変更し、受け入れ可能かどうかを問い合わせました。エアアジアには予約に関する電話相談員がおらず、メールで問い合わせる必要があり、回答には5日かかるとのことでした。英語が話せない両親が3日間クアラルンプールに滞在することはできないとして、航空会社に滞在やガイドの提供が可能かと問い合わせたところ、数日後にメールで回答がありましたが、エアアジアは格安航空会社であり、そのような接続サービスは個人の負担となるとのことでした。彼らの無責任な行為には多くの言葉がありましたが、再度メールで問い合わせて回答を待っているうちに両親の旅程が台無しになるかもしれないと考え、筆者はエアアジアの全ての航空券をキャンセルし、急いで同じ日程でキャセイパシフィック航空の航空券を再予約しました。実際に航空券の価格もエアアジアとほとんど変わりませんでした。

その後、娘も出発日の1週間前にエアアジアからクアラルンプールからソウルへのフライトが一方的にキャンセルされたという通知を受け取りました。エアアジアのフライトスケジュールをまったく信じられなかったため、娘もエアアジアの航空券を全てキャンセルしました。さらに、エアアジアから航空券の払い戻しを受けるまでなんと3ヶ月もかかりました。

このような苦い経験で、家族は再び安い航空会社を利用しませんでした。それにもかかわらず、格安航空会社を選択するのか一般航空会社を選択するのかは、読者の皆さんが選ぶことです。

待って！オーストラリアの常識

オーストラリアは山が少ない国ですが、丘や草地のような場所に入ると、意外にもワラビなど一部の日本人に人気のある植物が自生していることが多くあります。ただし、日本と異なり、オーストラリアでは自然の中の野菜や植物を勝手に採取すると環境保護法違反となり罰則が課せられる可能性があるため、無闇に採取しないようにしましょう。

と異なり、オーストラリアでは自然の中の野菜や植物を勝手に採取すると環境保護法違反となり罰則が課せられる可能性があるため、無闇に採取しないようにしましょう。

荷物

　オーストラリアへ出発する前に真剣に考えなければならないことは、何を持って行くかです。過去に筆者が初めてオーストラリアに足を踏み入れたとき、筆者は韓国の状況を考えて、オーストラリアは温暖な国だから夏服だけ持っていけばいいと思って、他のものは全て貨物として送った記憶があります。大まかに必要なものは現地で安物の製品を買えばいいんじゃないか、という考えでした。しかし、オーストラリアへ向かう飛行機のエアコンはどれだけ寒かったことか、乗務員からもらった数枚の毛布にもかかわらず、一人でブルブル震えていました。そして、朝の6時に到着してみると、冷たい朝の気温で歯がガチガチに寒さで震え、魂が抜けるほど寒かった経験があります。寒くてどこかで暖かいジャケットでも買おうかと思いましたが、空港の中も外も仮処置で、

朝の6時に服を買う場所はどこにもありませんでした。だから最初に準備すべきなのは、激しい気温差に適応できる適切な服（下着を含む）と靴です。일

次に準備すべきは、目的に応じた十分な経費の準備です。もしもさまざまな文化観光を楽しみ、オーストラリアで語学留学も受けたいのであれば、生活費や交通費以外に余裕のある追加の経費を用意する必要があります。しかし、ワーキングホリデーを目指す人々は単に観光を楽しむだけの人はほとんどいないでしょうし、ほとんどの人は早急に仕事を見つけることが最優先です。そのため、予定された期間内に仕事を見つけられない場合に備えて、経費は使用される予算を考慮する必要があります。法的には、2023年2月現在、最低でも5,000ドルの準備が必要ですが、これは最低限の必要経費であり、十分な金額ではないため、個々の個人の状況に応じて準備することができます。もしも仕事を見つけることができず、このお金だけで生活しなければならない場合、最低限の生活品質で生活すると仮定すると、約6ヶ月から10ヶ月は持ちこたえることができると思われるので、経費の計算には目安として考えることができます。

以上のように準備が整ったら、今度は必要な各種書類を用意する必要があります。思いつく限り列挙してみますと、以下のようになります。

1. パスポート
2. 日本の運転免許証
3. 国際運転免許証（日本の運転免許証が英語翻訳されている場合は不要）
4. 英文履歴書
5. 以前働いていた雇用主からの推薦状

この中で、英文履歴書と雇用主からの推薦状は、オーストラリアで仕事を探す際に必須の要素となるため、注意深く準備する必要があります。　英文履歴書と雇用主からの推薦状のフォーマットや内容の準備方法については、以下の別のセクションで詳しく説明しているので、参照してください。

参考までに、オーストラリアの電力は240V 50Hzであり、日本の100V 50Hzとは異なります。　このことは、日本の電子機器を持ってきた場合に電力が異なることを考慮しなければ、貴重な電子製品を持ってきて台無しにする可能性があるためです。筆者の場合、韓国のSamsungドラム式洗濯機が初めて導入された際に新製品としてオーストラリアに運送料を支払いながら持ち込んだことがありました。その時まで筆者は電力と周波数の違いが電子製品にほとんど影響を与えないと信じていました。その理由は、筆者の家で使っている韓国製のLG冷蔵庫が数十年経ってもまだうまく動いているからです。しかし、このドラム式洗濯機は使用して1か月後に故障し、使えなくなりました。韓国から持ち込んだ製品なので部品も入手できず、修理費用もほぼ新品価格に相当し、結局廃棄物として処分しました。

電気専門家の言葉によると、ほとんどの電気製品は約20ボルト程度の差まで耐えることができますが、周波数に依存する電子回路がある製品の場合、異なる電力と周波数を使用すると製品に損傷を与える可能性があると言われています。

携帯電話やコンピュータなどの小型電子製品の場合、ほとんどが携帯用アダプタを使用するため、オーストラリアと日本の電力と周波数の違いは関係ありません。

待って！オーストラリアの常識

2023.5.21 現在、オーストラリアのタバコの価格は、マルボロ基準で 20 個皮の手袋に最低$41 にもなる。日本のマルボロハン甲 600 円と比べると約 7 倍も高い。これは世界 107 カ国の中でオーストラリアが最も高い価格だ。オーストラリアの滞在期間中にタバコを切ることがお金を稼ぐ近道だ。

持ち込み禁止品

オーストラリアは税関検査が難しいと噂されている。したがって、オーストラリアに持ち込めないものがあるかどうかをよく確認して荷物を安くしなければならない。一般に、搬入禁止物品は以下の通りである。

食べ物：自宅で作った食べ物は持ち込みが禁止されており、加工された食品や未開封の包装状態の食品のみが持ち込み可能です。肉類、家禽類、生魚も生肉や生のままの持ち込みは禁止されており、加工された製品である必要があります。缶詰のように密閉され、常温で保存可能であり、賞味期限が最低でも6ヶ月以上の製品のみが可能です。牡蠣はニュージーランド産を除き、持ち込みが禁止されていますが、ムール貝、アワビ、ウニ、ホヤ、カニ、ロブスターなどは持ち込みが可能です。ただし、目視で清潔である必要があります。

動植物：オーストラリアでは、多くの生物が持ち込み禁止の指定を受けています。生物は必ずオーストラリア政府の承認を受けた輸入業者を通じて持ち込む必要があります。一般的に、持ち込みが禁止されている動物には鳥類、カバ、有袋類、有袋植物などが含まれます。

植物：オーストラリアでは植物の持ち込みが禁止されています。特に野生の花、種子、果実、樹皮、貝などの植物の持ち込みは禁止されています。持ち込みが許可される場合でも、必ずオーストラリア政府機関で承認された輸入業者を通じて持ち込む必要があります。

持ち込む場合は、税関検査を受けることになります。もし持ち込みが禁止されている品物がある場合、押収される可能性があるため、細心の注意が必要です。また、持ち込む際には、該当する商品がオーストラリア産であることを証明できるレシートや原産地証明書を提示する必要があります。

検疫法違反

　興奮した気持ちでオーストラリアを訪れ、空港で食品を申告しなかったために告発されるケースが時折あります。.

出入国者報告書には食品がないと申告されていたが、後で税関検査で食品があることが判明する場合もあります。この場合、ほとんどの場合、出入国者報告書での申告漏れを誤りと見なし、現場で注意や没収、あるいは罰金程度で終わることが一般的です。しかし、一部の人々は税関検査まで食品がないと主張し続け、現場で告訴されて裁判にまでなる場合もあります。

オーストラリアの食品持ち込みは厳しいことは世界的にもよく知られています。　しかし、このような事実を知っているかどうかはわかりませんが、最近、パース空港で韓国の食品を持ち込んでいるところを摘発され、起訴された事件が思い起こされます。

この方はオーストラリアで留学中の弟のために、ソンデ、トッケ、キムチなどこの地の伝統的な食べ物をたくさん持ち込んでパース空港に到着しました。幼い2人の子供を連れて、膨大な量の荷物を一人で抱えて、夢を叶えるためにオーストラリアの地を踏みましたが、一瞬のミスでオーストラリアでの生活はまさに地獄のような日々となってしまいました。

この方の説明によれば、飛行機内で幼い子供たちが嘔吐するなど体調が悪く、彼らの世話に追われて忙しく、さらに英語の能力が不足していたため、入国カードの内容を正しく理解できず、食品がないと申告したと言っています。ここまでは理解できましたが、空港に到着して税関職員が食品があるかどうか尋ねる質問に対しても依然として食品はないと答えたそうです。　後日、この方は税関職員が食べ物があるか尋ねる「Do you have any food?」を「Do you have any fruit?」と誤解し、果物がないという意味で「No」と答えたと伝えられています。

その後、彼は税関調査室で電話通訳を通じて調査を受けましたが、後日、筆者が電話通訳の記録を検証している最中に、非常に誤った通訳が行われていることに気付きました。その結果、初期の陳述の重要性を改めて自覚することができました。

どのような理由であっても、通訳を通じて伝えられた内容は、食品を持ち込んだことを知っており、入国者申告書にその事実を抜かしてしまったが、後で税関職員の質問に対して食品がないと答えたことだけが通訳を通じて伝えられました。なぜそのような状況にならざるを得なかったのかについての説明は、通訳が正しく行われていなかったため、伝わっていません。

その結果、この方は検疫法第67条および関税法第234条に違反したとして起訴されました。検疫法第67条は以下のように記載されています。

(1)　A person is guilty of an offence against this subsection if: (以下の各項目に該当する者は、この条項に違反しています。)

(a) the person imports, introduces, or brings

into any port or other place in Australia, the Cocos Islands or Christmas Island any thing; and（ココス諸島、クリスマス島、オーストラリア国内の港、空港、またはその他の場所に何を輸入し、導入または持ち込む人）

.

.

Maximum penalty: Imprisonment for 10 years.
最高罰則：懲役10年

なお、関税法234条は次のように記載されている。

(1)　A person shall not:（誰でも）

(d) do any of the following:（次の各号の行為をしてはならない）

(i) intentionally make or cause to be made a statement to an officer, reckless as to the fact that the statement is false or misleading in a material particular;（官員に意図的に不注意な陳述をしたり、陳述になるようにし、その主な事項が偽りまたは誤認識されるようにする行為）

.

.

. . .a penalty not exceeding 500 penalty units.

500単位[3] を超えない罰金。

この2つの条項により、起訴され、裁判前の夜の11時頃に筆者のもとを訪れました。関税法第234条の違反には最高25,000ドルの罰金が科されますが、検疫法第67条では罰金なしで最高10年の懲役刑が科されるため、非常に重い起訴を受けたものです。

一瞬オーストラリアを楽しい気持ちで訪れた後、懲役最高10年の有罪判決を受けることを想像してみてください。　お子様を二人連れてオーストラリアに来たが、彼らに観光をすることさえ許されず、ゆっくり家で休むこともできず、法廷や弁護士事務所を行き来する親の心情を理解し、可能な限り刑務所の刑を免れるように努めました。

しかし、幸いなことに、翌日、裁判所で検察側からは刑務所の刑は求刑しないとの約束を得て、この方は軽い罰金刑で解放されることができました。

---

[3] 2023年現在、西オーストラリアの罰金単位は1単位が50ドルに相当します。

　食品を隠して持ち込もうとする旅行者に対して警鐘を鳴らすための示範ケースとして関わった場合、おそらく刑務所の刑も回避することは難しい状況にまで至るかもしれません。したがって、オーストラリアを訪れる日本人の皆様は、必ず食品を正直に申告するようお願い申し上げます。

免税制限

オーストラリア入国時の免税限度は搬入する品目によって異なる。

現金の場合、オーストラリアドルまたは日本円であっても、オーストラリアに持ち込む際には金額制限はありません。ただし、合計金額が10,000オーストラリアドルを超える場合は、申告するだけで構いません。申告しても不利益を被ることはありません。オーストラリアは他の国と比べて大部分が税金の公開がされているため、現金を取り扱う際には、それが犯罪組織の資金であるかどうかを知るために行われています。

たばこおよび酒類に関しては、18歳以上の場合、未開封のたばこは25本（2023年5月時点）または25グラムまで、開封されたものは1箱まで、免税で持ち込むことができます。入出国カードに必ずたばこがあることを申告する必要があります。酒類については、2.25リットルまで免税で持ち込むことができます。

他のすべての贈り物の場合、18歳以上の個人は最大900豪ドルまで免税で持ち込むことができます。18歳未満の場合は最大で450豪ドルまで免税で持ち込むことができます。ただし、免税限度額を超える場合は関税を支払う必要があります。

旅行者保険と携帯電話

オーストラリア出発前の旅行者保険を加入すべきか、日本の携帯電話を持って行ってそのまま使用できるかなど、悩んでいる人々のために少しの助言をしたいと思います。

旅行者保険

旅行者保険を準備するときは、保護対象と利益を考慮してください。 航空便がキャンセルされた場合の補償や、医療費、旅行中の遺失物など、旅行中の不便に対する保護措置を確認する必要があります。こうした保護措置は、旅行計画が予期しない問題によって費用が発生することを防ぐ賢明な方法でもあります。

旅行者保険のプランには、日本で出発前に加入する方法と、オーストラリア到着後に加入する方法があります。ただし、オーストラリア到着後に加入する場合、日本よりも保険料が2倍になるだけでなく、保険請求前のウェイティング・ペリオド（待機期間）と呼ばれる一定期間が経過する必要があるため、オーストラリア到着後に参加することは望ましくありません。

出発前に日本で旅行者保険に加入すると、医療費や航空便のキャンセルなどの保護を受けることができますので、予期せぬ問題が発生した場合に費用負担が軽減されます。　一部の保険商品には、荷物の紛失などの損失にも補償をしてくれるものがあるため、保険の契約条件を細かく確認することも必要です。

携帯電話

日本で使用していた携帯電話をそのままオーストラリアに持ってきて使用することができます。ただし、オーストラリアは日本と異なるモバイルネットワークの周波数を使用しているため、旅行前にオーストラリアで携帯電話が動作するかを確認することをおすすめします。ほとんどのAndroidベースの日本の携帯電話は、オーストラリアで問題なく動作するとされています。

一方で、もし携帯電話がロックされている場合は、旅行前に携帯電話の提供会社に連絡してロックを解除する必要がある場合もありますので、携帯電話会社に確認することをおすすめします。

日本の携帯電話であっても、ロックが解除されていれば、オーストラリアでシムカードを挿入すれば問題なく使用することができます。　ただし、日本の携帯電話の場合、メッセージを送る際にMMS（マルチメディアメッセージングサービス）がサポートされていない可能性があります。筆者自身も以前、韓国で購入したスマートフォンを持ち込んでオーストラリアのSIMカードを挿入した際、MMSがサポートされなかったため、一般的なメッセージではなく、カカオトークなどを使用する必要がありました。

最近では、一般的にはWhatsAppやKakaoTalkなどのSNSをより多く使用する傾向にありますので、一般の携帯電話のメッセージ機能であるMMSはほとんど使用されません。そのため、オーストラリアで日本の携帯電話を使用するのには何の問題もありません。

オーストラリアのSIMカードは、日本よりも利用しやすいプリペイドプランが充実しています。スーパーマーケットやコンビニでプリペイドSIMカードを購入し、自分の携帯電話に挿入し、電話で開通手続きをするとすぐに使用することができます。

リペイドプランが充実しています。スーパーマーケットやコンビニでプリペイドSIMカードを購入し、自分の携帯電話に挿入し、電話で開通手続きをするとすぐに使用することができます。

第3章 到着後に行うこと

オーストラリアの緊急電話番号

オーストラリア滞在中に予期しない緊急事態が発生する場合があります。そのような場合には、混乱せずに以下の緊急電話番号をメモしておき、連絡すれば助けを受けることができます。

1. 000 - オーストラリア代表緊急電話

オーストラリアでは、緊急事態や個人の安全に関わる緊急事態が発生した場合は、単に000番にダイヤルすればよいです。　ここで言っている緊急事態とは、生命を脅かすか、時間が重要な緊急事態を指します。例えば、自分または他人の命や財産が脅かされている場合、自分または他人が重傷を負って救助が必要な場合、重大な事件や事故を目撃し、通

報したい場合などです。.

この番号を使用すると、警察（Police）、消防（Fire）、救急車（Ambulance）などを直接呼び出すことができます。英語が分からなくても、この番号に連絡すれば互いに会話できるように通訳者をつないでくれるので心配はいりません。通話料もかかりませんし、追加費用もありませんので、安心してご利用ください。

2. 112 - オーストラリアの補助緊急電話

　日本の110と同様の番号は、オーストラリアでは112です。この番号にかけると、自動的に000に接続されます。これは国際標準番号であり、外国人にとっては000よりも112の方が使い勝手が良いです。参考までに、この番号は000とは異なり、デジタル携帯電話にのみ適用される番号です。　もし固定電話でこの番号にかける場合、機能しないので注意してください。

3. 106 - 文字緊急中継サービス

聴覚または言語の障害があり、生命や財産が危険にさらされている場合、

TTY（テレタイプライターまたは文字電話とも呼ばれます）を通じて直接106番に警察、消防署、または救急車に連絡することができます。携帯電話のSMS（ショートメッセージサービス）を使用して緊急サービスに連絡することはできないため、ご参考ください。

106 サービスの利用方法

- 受信者負担電話番号106を押してください。
- 警察（PPPタイプ）、消防車（FFFタイプ）、または救急車（AAAタイプ）を希望するかどうかを尋ねるメッセージが表示されます。　参考までに、話すことと聞くことができる人は、通訳者に対してただ「Police (警察)」、「Fire (火事)」または「Ambulance (救急車)」とだけ言えば良いです。
- 中継担当官が正しいサービスに電話をかけ、お客様の対話を中継するために待ち続け、電話を切りません。
- TTYは固定回線に接続されているため、自分の位置を言わなくても、緊急サービスに電話をかけると自分の位置が直ちに伝わります。
- 自分の住所を確認するメッセージが表示されます。

無料通訳サービス

　緊急電話以外にも、オーストラリア政府が提供する無料通訳サービス（TIS National）は非常に役立つ情報です。オーストラリアの官公庁はすべてこの無料通訳サービスと連携しているため、税務署などの公的機関に用事がある場合は、

堂々と通訳サービスを要求して利用することができます。詳細な情報は、https://www.tisnational.gov.au/にアクセスして調べることができます。

インスタント電話通訳

電話番号131 450にかけると、無料の通訳サービスであるインスタント通話通訳サービスを年中無休で24時間利用できます。

予約電話通訳サービス

皆様が機関と予約された相談や面接を行う前に、機関が事前に電話通訳サービスの予約をしなければならない場合、このサービスを利用すると便利です。もしもオーストラリアの公的機関に行って業務を行いたい場合は、主に該当機関が最初に電話通訳サービスを申請することになるので、自身は単に韓国語通訳が必要だと伝えれば良いでしょう。

現場通訳

このサービスは、通訳者が予約された通訳場所に来て通訳サービスを提供するものです。現場通訳サービスは、主に非英語を使用する顧客とのコミュニケーションを図るために、オーストラリアの機関でよく利用されます。

無料通訳サービス131 450使用手順

無料通訳サービスにお電話いただくと、**TIS National**のオペレーターが英語で電話に出た後、どの言語の通訳を希望するか尋ねます。その際、希望する言語である日本語をリクエストするために「Japanese」とお伝えください。オペレーターは通訳者を見つけるために電話を保留状態にし、お待ちいただくことになります。この際、保留用の音楽が流れなくても、電話を切らずにお待ちください。

日本語の通訳者が見つかった場合、交換員は該当の通訳者と接続し、どの機関と通話するかについて質問します。その際に、希望する機関の名前、電話番号、もしあればその機関から発行された顧客またはアカウント番号を事前に準備しておくと便利です。

無料通訳サービスの**交換員**は中立性を保持する必要があるため、連絡先を教えてもらうなどのお願いはできません。通訳者と接続された場合、通訳者はすべての通訳中に中立性を保持するため、絶対に個人的な会話を行いませんので、ご了承ください。

日本語通訳が接続できない場合、交換係はしばらくしてから再度お電話いただくようお願いすることになります。

日本語通訳が接続できない場合、交換係はしばらくしてから再度お電話いただくようお願いすることになります。

日本の運転免許証でオーストラリアで運転する

快晴の空、美しい川のあるオーストラリアにワクワクした心で到着すると、最初に感じるのは公共交通の問題です。果たして自家用車がなければ自由に移動することが難しく、電車やバスなどの公共交通機関も運行間隔が長く、居住地から職場を探しに出かける場合、近い距離でも数時間かかることが日常茶飯事です。自家用車がなければ非常に不便です。

そのため、筆者がオーストラリアに初めて訪れる人々に最初に伝えるべき情報は、運転免許関連の情報です。まず、日本の運転免許証をそのままオーストラリアで使用する方法があります。

日本の運転免許証でオーストラリアで運転

日本の運転免許証を持ってオーストラリアで合法的に運転するためには、以下の方法があります。

1.　　国際運転免許証（International Driving Permit）と共に所持すること

この国際運転免許証は、自動車運転免許試験場または地方の自動車登録所で発行され、発行された国際運転免許証は、道路交通に関する国際連合条約（Convention on Road Traffic）に加盟しているすべての国で有効です。オーストラリアは1954年12月7日付けでこの国際連合道路交通条約に加盟しており、国際運転免許証はオーストラリア国内の運転免許証としてそのまま使用することができます。ただし、日本の運転免許証も併せて携帯する必要があります

2.　　運転免許証を認定翻訳して所持すること

日本へ行く前に常識的な人ならば、誰でも国際運転免許証を準備してくるでしょう。しかし、筆者のように時折頭が上がらなくなる人には、国際運転免許証のことなど思いもよらずに来る人もいるでしょう。そんな場合に便利な方法は、日本の運転免許証を英文に翻訳し、運転免許証と一緒に携帯することです。　日本の運転免許証を翻訳して所持する場合、必

ずNAATI（National Accreditation Authority for Translators and Interpreters）の3級以上の翻訳資格を持つ人から翻訳を受ける必要があります。

一方、NAATIの資格を持つ翻訳者が多く存在しないため、免許証の翻訳が容易ではない場合、日本大使館または領事館に連絡すれば、一部の手数料を支払って翻訳をしてもらうこともあります。

3.　　　オーストラリアの運転免許証を申請する

2012년 9월 1일から施行された「運転経験者認定国家」に日本が含まれることとなり、年齢が25歳以上で、申請直前12か月以内に運転免許が取り消されたことがない場合、学科や実技試験なしで直接オーストラリアの運転免許証に切り替えることができます。

日本運転免許証でオーストラリアで運転する場合違法になる場合

日本の運転免許証を持っているからといって、必ずしもオーストラリアの運転免許証なしで運転できるとは限りません。たとえば、永住者の場合、オーストラリアに到着してから3か月以内にオーストラリアの運転免許証を取得しないと、日本の運転免許証を持っていても認められません。 ただし、タスマニア州では、この3か月間はオーストラリアに到着した日からではなく、永住権を取得した日から3か月と見なします。

また、日本の運転免許証またはオーストラリアの運転免許証を取得してから6か月以内の場合は、午後12時から午前5時まで運転することはできません。ただし、自宅から職場または学校への移動など、緊急の場合には例外があります。

日本の運転免許証を所持している人が19歳未満の場合、または免許を取得してから2年が経過していない場合は、仮免許証を取得することができます。仮免許証の場合、車のフロントガラスとリアガラスに「P」の文字を付ける必要があります。

車を購入する

　オーストラリアは広い土地で人口が少なく、日本と同様に公共交通が発展していない場所です。そのため、シドニーやメルボルンのような大都市ではない限り、公共交通機関を利用して移動することは非常に不便です。自分が居住する場所に公共交通手段があるとしても、路線や運行間隔が韓国と同様に多様で速くないため、おそらくオーストラリアで自由に移動するためには、シドニーやメルボルンなどの大都市に居住し、働く場合でなければ車は必要不可欠だと考えられます。

また、オーストラリアの中古車取引は手続きが煩わしくなく非常に簡単であるため、オーストラリア滞在中に車を所有し、オーストラリアを出発する前に売却することができます。一部では中古車の価格変動により、安く買ったものを高く売ることで逆に利益を上げる場合もよくあります。

それなら、車はどこでどのように購入すればいいですか？持ってきたお金が多ければ、新車を購入することができますので、個人の好みに合った車を選べばいいでしょう。しかし、中古車を購入しなければならない状況では、個人の好みよりも価格に対する車の性能を比較することが優先されるでしょう。

オーストラリアで中古車を購入する方法はおおよそ次のようです。

個人同士の紹介を通じて

地域新聞広告を通じて

インターネット広告を通じて

中古車販売業者を通じて

まず、中古車の購入予算をいくらか立てたら、最初に車種とボディタイプを決めなければなりません。これを決める理由は、中古車の価格が千差万別であるため、この目標を設定してアプローチすれば、簡単に価格を比較し、購入の決定が容易になるからです。

適切な中古車を見つけたら、車主に連絡して次の情報を入手してください。

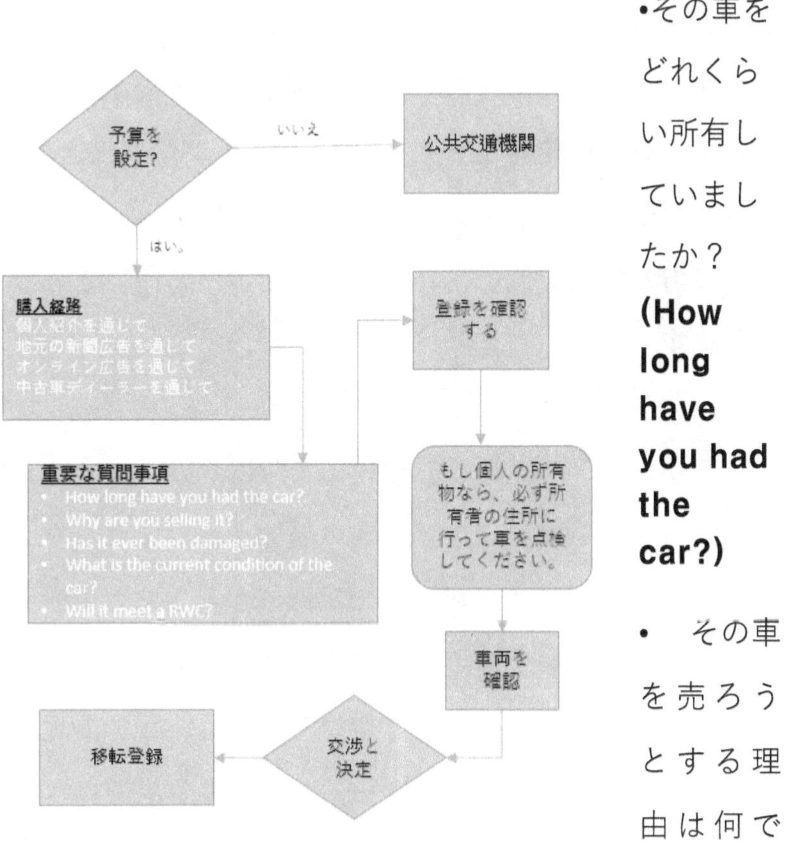

•その車をどれくらい所有していましたか？ **(How long have you had the car?)**

• その車を売ろうとする理由は何ですか？ **(Why are you selling it?)**

•事故したことがありますか？ **(Has it ever been damaged?)**

•車の状態はどうですか？ **(What is the current condition of the car?)**

•道路運行承認がありますか？ **(Will it meet a RWC?)**

もし売り手が中古車販売業者ではなく個人である場合、彼が広告した広告を印刷し、必ず車の所有者の住所に行って車を検査するようにします。車両登録証と車の所有者の住所が一致しているかを確認する必要があるためです。また、広告の内容通りに車の状態が同じかどうかを確認するために、持参した広告と電話で問い合わせた内容を持って確認する必要があります。

もし車が気に入った場合、盗難車ではないか、また車に担保が設定されていないかなど、車の履歴を確認する必要があります。一部の州では、数ドルの手数料が発生する場合もありますが、この少額の費用をケチらずに必ず車の履歴を確認しましょう。後で大きな損失を避けるために、車の履歴確認は必要不可欠です。

車両の登録照会は、各州ごとに方法が異なるため、自分が属する州のウェブサイトにアクセスして車両の登録照会を行えばよいです。詳細な説明は次の章に記載してありますので、そちらをご参照ください。

もし、車両の調査でも異常がなければ、次は自動車の検査を行う必要があります。所有者に直接車両を確認したい旨を伝え、約束を取り付けるか、ディーラーの場合は何時ごろ訪れるかを約束します。実際、自動車専門家でなければ、自分自身が正確な車両の状態を確認することには限界があるため、中古車を購入する際には周りの知人に尋ね、車に詳しい人と一緒に同行することが望ましいです。

もし上記のように車の点検を行った場合は、今度は一度試運転を行う必要があります。試運転中にエンジンから異音がすることはないか、複数のギアを切り替えてみて、できるだけ様々な道路条件で走行してみながら、問題と思われる箇所を整理しておきます。

待って！オーストラリアの常識

たまに外国人が無免許または規制超過の釣りで数万ドルの罰金を受け、ニュースに登場することがありますが、オーストラリアの海岸で釣りをしたり、アワビや貝などを収穫する場合、許可証が必要な種類か必ず確認する必要があります。これは各州の法律で定められているため、自分が所属する州または準州の規定をよく習得し、無許可の違法収穫で困惑することがないように注意しなければなりません。

自動車検査のコツ

- いつも明るい昼間に検査することをおすすめします。雨の日や暗い夜は避けることが良いです。

- 車の下部、ボンネット、内部カーペットなどを覗いて、錆びているか、溶接の跡があるかを確認してください。

- オイル漏れがないか、またオイルの量が適切かどうかを確認してください。

- オイルフィルターキャップの周りを細かく調べて、白いマヨネーズのような物質が付着していないか確認してください。もし付着している場合、ヘッドガスケットが故障している兆候であり、その交換にはかなりの費用がかかります。

- タイヤの摩耗状態を検査します。

- 前輪の下から後輪の方向に直線がなるように観察し、前後の車輪が一直線上にあるかを確認します。もしわずかでもねじれがある場合、それは間違いなく事故車両であることを示します。

- 車体パネルの接合部の隙間が一定か確認します。もし隙間が一定でない場合、事故を起こした車両となります。

- 自動車のシートベルトの作動や座席の調整が適切であり、全てのスイッチが動作しているかどうかを一つ一つ確認します。

• エンジンが冷たい状態でエンジンをかけてみて、始動
に問題がないかを確認し、排気から黒煙が出ていない
かを確認してください。

自動車を購入することを決めた場合、いくつかの問題点を所
有者に説明しながら価格交渉をすることもできます。所有者
に絶対に欲しい金額はいくらですか（What is your best
price?）と、率直に尋ねることも良いでしょう。所有者が希
望する金額を伝えた場合、その金額を少し下げた提案をしま
す。こうして価格が確定したら、すぐに車の所有者変更登録
を行います。自動車の所有権変更登録手続きは韓国ほど厳格
や困難ではありません。所有権変更通知書を運転免許試験場
で入手するか、インターネットでダウンロードして記入し、
郵送すれば良いです。ダウンロードするインターネットアド
レスは、以下の注釈の免許所轄機関のインターネットアドレ
ス表を参照してください。

注：各都道府県の免許所轄機関のインターネットアドレス表
は、該当のインターネットサイトで確認してください。

脚注免許管轄機関インターネットアドレス表

州/テリトリー	インターネットアドレス
New South Wales (NSW)	https://transportnsw.info/
Victoria (VIC)	https://www.ptv.vic.gov.au/
Queensland (QLD)	https://www.tmr.qld.gov.au/
South Australia (SA)	https://www.sa.gov.au/
Western Australia (WA)	https://www.transport.wa.gov.au/
Tasmania (TAS)	https://www.transport.tas.gov.au/
Australian Capital Territory (ACT)	https://www.transport.act.gov.au/
Northern Territory (NT)	https://nt.gov.au/driving

車両担保の照会方法

　登録された車を購入する際には、その車両が担保に設定されているかどうかを確認することが非常に重要です。車両の所有権が自分の名前に移転されたとしても、車両が担保として提供されている場合、関連する債務も一緒に引き継がれるからです。オーストラリアの車両担保検索は、オーストラリア金融セキュリティ機関（PPSR）が運営する個人財産担保登録簿を参照するものです。ここで自動車が担保に設定されている場合、その自動車を購入してはいけません。

このような担保照会は誰でもインターネットで簡単に行うことができます。必要なものは、対象の車両のVIN（Vehicle Identification Number）またはシャーシ番号と、照会料金として2ドルを支払うためのクレジットカードだけです。

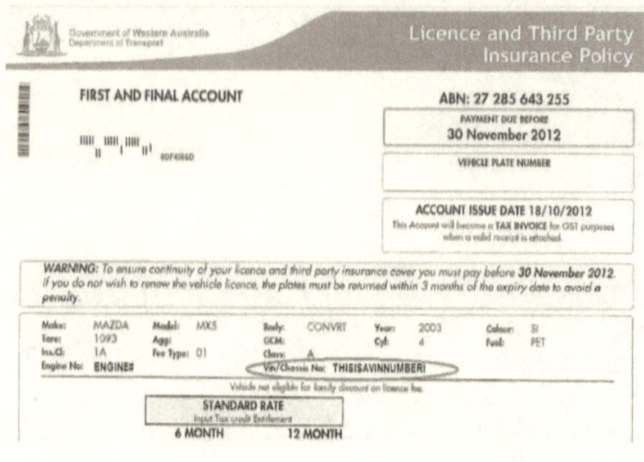

VINまたはシャーシ番号は、左側の図のように、自動車登録証を見れば記載されていますので、自動車の販売者に登録証に記載されているVINまたはシャーシ番号を伝えるようにお願いすれば良いです。

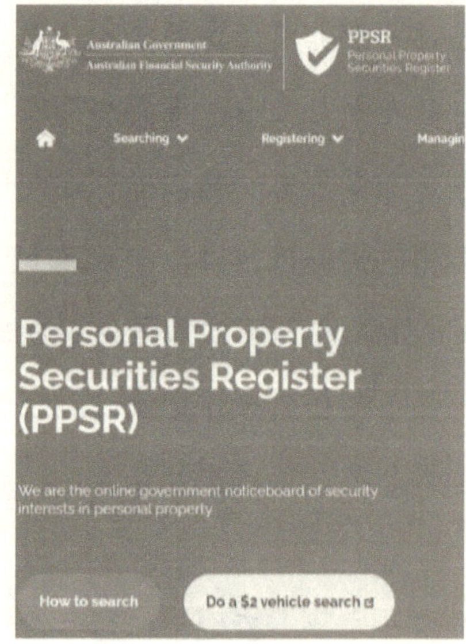

図 3-1

そして、https://www.ppsr.gov.au にインターネットでアクセスすると、図3-1と同じ画面が表示されます。

下部右側にある「Do a $2 vehicle search」を選択します。すると、図3-2と同様の「Quick motor vehicle search」画面が表示されます。ここで、一番下の右側にある「Continue」ボタンをクリックするか、下部左側の「PPSR Car Check here」というリンクをクリックすれば良いです。

そして、図3-3と同様の画面が表示されたら、VINまたはChassis番号を入力し、結果を受け取るための自分のメールアドレスを入力します。さら

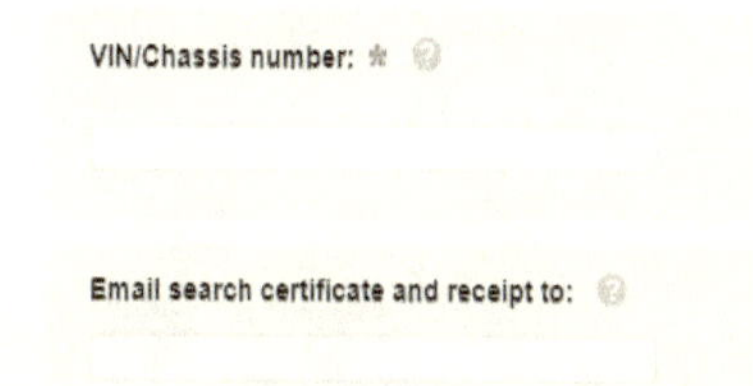

図 3-2

に、検索手数料\$2を支払うために、自分のクレジットカード情報を記入し、[Pay Now]ボタンを押すと、検索が完了し、車両の履歴情報が自分のメールアドレスに送信されます。

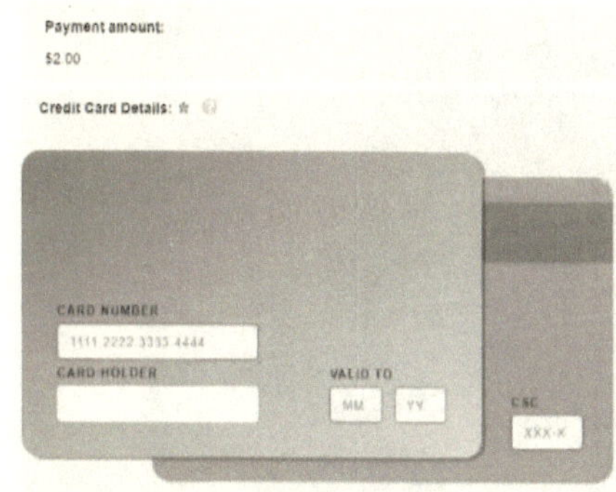

図 3-3

第4章 生活の知恵

自動車仲介商との摩擦

もしも中古車販売業者を通じて車を購入したが、その車が広告やディーラーの説明と異なってトラブルを起こす場合、どのように対処すべきでしょうか？ワーキング・ホリデーとして、オーストラリアでの車の購入は最も大きな出費だったかもしれませんが、期待と異なる重大な欠陥のある車であれば、冷静に次のように対処することが重要です。

1. 電話の説明
まず担当者に電話で車両の欠陥を説明し、これをどのように解決してくれるかを問い合わせてみる。

2. 書面による要求
もし担当者が電話要求に拒否したり、回答を回避した場合、書面請求書を作成して発送する。

3. 消費者保護局への届出

書面請求書を発送したにもかかわらず、該当期日まで
に何の回答もなければ、消費者保護委員会（ACCC）
に書面請求書とともに申告すればよい。消費者保護委
員会の連絡先は以下の通りです。

ACCC 国内申告電話：1300 302 502

海外から電話する場合: +61 2 6243 1305

オンライン申告アドレス
https://www.accc.gov.au/contact-
us/contact-the-accc/report-a-consumer-
issue

待って！オーストラリアの常識

オーストラリアの中古車販売業者は、消費者保護法に基づい
て「受け入れ可能な品質」(Acceptable quality) の自動車を
販売することが求められています。これは価格、年式、およ
び販売時の説明などを考慮して、一般の人々がそのような状
況で期待できる品質を判断するものです。車を購入した後、
重大な欠陥が見つかった場合、それは受け入れ可能な品質で
はないと見なされることがあります。

交通事故発生時

オーストラリアで交通事故が発生すると、ほとんど慌てて適切に対処できず、より大きな困難に直面する場合が時々発生する。もしオーストラリアで車両事故が発生した場合、慌てずに落ち着いて次のような措置を取ればよい。

1. 証人の確保

最初に証人の確保が急務です。周囲の車の運転手や歩行者がいる場合、交通事故を目撃したか尋ね、彼らの名前と連絡先をメモしてください。英語が得意でない場合は、迅速に周囲の知人の中で英語が話せる方を通じて行動を起こす必要があります。

2. 相手車両情報

相手の車の運転手の車の登録番号と車の情報（メーカー、モデル、タイプ、色など）をメモしておきます。また、交通事故現場をスケッチし、可能であれば事故車両を動かす前に写真を撮影しておきます。

3. 相手ドライバー情報

相手の運転手に運転免許証を要求し、名前、住所、連絡先などを記録します。時折、「警察官でもないのに、どうして運転免許証を要求するのか」と疑問を持つ方々がいますが、交通事故の当事者は互いに身分確認をする権限があるため、運転免許証を当然に要求することができます。もし運転免許証の提出を拒否された場合は、現場で近くの警察署または「000」に連絡し、「運転免許証がない運転手が交通事故を起こして逃走しようとしている」と報告すれば、警察が直ちに駆けつけます。この時、警察を通じてこのような情報を入手すれば良いです。

4. その他の情報

相手の車に同乗している乗客がいるかどうか、もしいる場合は彼らの個人情報をすべて確保します。また、相手の運転手が車の所有者であるかどうか、もし異なる場合は実際の所有者が誰であるかも確認する必要があります。そして事故に関して、けがをした人がいないか確認し、けがをした人の個人情報と傷の程度を記録しておきます。

5. 保険関連

相手の運転手に保険の加入状況を尋ねて、保険で処理するのか、それとも個人負担で処理するのかを確認します。

1) 個人処理する場合、

一緒に近くの車の整備工場へ行って、見積もりをもらい修理を依頼するか、相手の運転手が時間がないと言って後で金額を知りたい場合は、見積書のコピーを郵送して相手の運転手に渡し、支払いをするように依頼します。

2) 保険処理する場合、

相手の運転者の車の保険会社名と電話番号を受け取って書き留め、保険のクレーム番号を教えてもらうようにお願いします。クレーム番号を受け取ったら、該当の保険会社に連絡し、保険会社が要求するクレームフォームを記入して提出すればいいです。

6. 警察申告

近くの警察署に行って交通事故の報告をするか、クラッシュレポートをインターネットでダウンロードして警察署に送信します。交通事故を簡単にインターネットで報告することもできますので、わざわざ警察署に行く必要はありません。一方、交通事故を警察に報告する場合、以下の情報が必要です。

- 事故の日付と時間
- 正確な事故の場所
- 個人情報
- 運転免許番号などの免許関連情報
- 自動車の登録番号などの自動車関連情報

- 相手の運転手、乗客、所有者（運転手と異なる場合）、証人の個人情報
- 事故に関連する負傷者の個人情報
- 予想損害額の計算
- 事故の経緯

もしも自分が事故を引き起こした加害者だった場合、軽率に「全てを責任を負う」といった言葉を口にせず、保険に加入している場合は保険会社に、保険に加入していない場合は迅速に近くの弁護士に助けを求めるようにしましょう。

飲酒運転に関する事例

仮ビザでここに来たM氏は、酒に酔ってノースブリッジの夜の街を徘徊している最中、先住民の女性の財布を盗もうとしたという理由で巡回中の警察官からノースブリッジ周辺から離れるよう命令されました。それにも関わらず、ノースブ

リッジでウロウロし続け、白人女性の胸を後ろから触ったという理由で警察に逮捕され、警察の命令違反と性的暴行犯として起訴されました。

オーストラリア、アメリカなどの共通法（コモン・ロー）国家において、刑事犯罪の原則は、行為者が故意または自発的に行為をしなかった場合、刑事責任を問われないということです。これに関連して、オーストラリア最高裁判所の判例があります。1980年の事件で、幻覚剤を常習的に使用していたO氏が酒に酔って他人の車から地図を盗もうとしているところを通りかかった警察官が目撃し、O氏を追跡して逮捕しようとしたところ、胸に隠していたナイフを取り出して警察官を刺したという容疑で起訴されました。O氏は当時幻覚状態にあり、専門家の報告書によれば、幻覚状態で酒を飲むと、自己の合理的な意思決定をすることができず、自分の意志を制御できない状態になるとされています。この場合、自発的かつ故意による行為でない場合は、刑事責任を問われないという刑事犯罪の原則に従って、この事件を下級裁判所に差し戻す判例があります。

1997年、キャンベラに住むあるラグビー選手が酒場で酔っ払い、隣に座っていた2人の女性に暴行を加えたため、告発されました。後にフィルムが途切れるほどの飲酒状態であったことが確認され、無罪が主張されました。この一連の飲酒事件により、オーストラリア社会はその後、激しい論争に巻き込まれることとなりました。　自己と故意による行為のみが刑事責任を問われる原則と、自らの意志で自由に酒を飲んだ犯罪者から法は社会を保護し、彼らを処罰しなければならないという社会的な期待との衝突が論争の中心でした。

その結果、クイーンズランド州や西部州、タスマニアなどでは、文法の大原則から逸脱するために刑法を改正し、現在は刑法に基づいて飲酒事件を処理するようになっています。

セオジュホ刑法第28条には、中毒または麻酔により心身障害を引き起こした場合、違法性判断の免責事由となるかどうかを考慮することが規定されています。タスマニア刑法第172条では、いかなる手段によっても他人に違法に傷害または重傷を負わせる者を処罰すると規定されていますが、同法13条1項には、自発的または故意でない限り刑事的な責任はないと規定されています。

日本にも中毒や麻酔によって精神障害が引き起こされた場合、刑事責任を負わないという刑法の規定があります。その規定は刑法第39条です。刑法第39条は『精神障害により物事を識別する能力がないか、その能力が著しく減退した状態で犯罪を犯した者は罰しない』と定めています。したがって、中毒や麻酔によって精神障害を引き起こした状態で犯罪を犯した場合、刑事責任を負いません。ただし、中毒や麻酔が故意に行われた場合は例外です。

とにかく、Mさんは酔った状態で警察官の指示に従わず、酩酊状態の理解困難な英語での過失行為と強姦罪で起訴され、翌日意識を取り戻すと警察署の留置所にいたそうです。

Mさんは友人と会う1時間前にお酒をかなり飲んでおり、すでに酔っ払っていた状態で、友人と会った後、3人で焼酎9本を1時間で飲み干し、一瞬のうちに記憶が途切れたと言います。このことを証言してくれる人を探しましたが、一緒にお酒を飲んでいた友人たちも皆酔っ払っていて、Mさんが酔って無言だったと証言することもできない状況でした。

もしもこのまま有罪判決を受けると、Mさんは懲役2−5年と最高で24,000ドル相当の罰金が予想される状況でした。しかし、何よりも重い刑罰となるのは、この場合Mさんが性犯罪者に該当するため、性犯罪者リストに掲載され、国際的に共有されることによって個人的に将来的な大きな不利益を被る可能性があったことです。

Mさんはただ諦めて有罪を認め、早くこの事件が終わればいいと言い、典型的な韓国人の焦りを見せましたが、事件を早く終わらせることが重要なのではなく、少なくとも性犯罪者リストに載ることだけは防がなければならないという筆者の助言に力を得て、結局は無罪闘争をすることを決めました。

まず、M氏の英語力と酩酊状態を理由に、警察官の指示不服従罪は十分に反論できたため、逮捕状を発布した警察官に対して当時の状況を説明し、指示不服従罪を起訴から撤回することで合意しました。

問題は性暴力犯罪に関する事案で、担当警察官は飲酒が無罪の理由とはならないと主張しました。また、検察側の意見も酔っ払い状態であったとしても有罪判決に自信があると述べ、弁護側の主張に強く反論すると言いました。検察の言葉は間違っていません。酔っ払いの勢いで違法を犯したとしても罪にならないことはありません。しかし、酒の勢いで自分の意志とは全く関係なく、まるで夢遊病患者のような行動で違法行為をした場合は話が異なりますが、酒を飲んでその程度の状態であることを証明することは容易ではありません。

Mさんの場合、証人もいない状態であり、多くの困難がありました。しかし、警察署の保持場所にいたという証言をもとに、該当する警察署の保持場所で撮影されたCCTVビデオを申請しました。そして、当時一緒にお酒を飲んだ友人の妻たちから証言を取ることができました。これを根拠に、M氏の行為は自発的または故意による行動ではないという事実を根拠に無罪を主張し、それを基に検察側に圧力をかけた結果、M氏は最終的に無罪となりました。

自分が意図しない犯罪行為に関与した場合、冷静に事件を振り返り、うまく対処できる知恵が必要です。

自動車事故判例紹介

2011年4月のオーストラリア最高裁判所（ハイコート）の判例は非常に興味深いので、皆さんと知識を共有したいと思います。この事件を通じてオーストラリアの法理を理解するのにかなり役立つと考えています。

1998年5月17日、16歳の少女ミラーさんが深夜にお酒を飲んで酔っ払った状態で家に帰るバスや電車もなく、タクシーに乗って帰るお金もなかったため、車

を盗んでしまいました。しかし、運転免許証もなく、飲酒状態だったため、当時27歳のいとこであるモーリン・ミラーさんに運転を頼みました。

モーリンは興奮して車を運転し、徐々にスピードを上げると、ミラーさんは「止めて、降ろしてください」と叫びましたが、モーリンはミラーさんの要求を無視して運転を続け、結果的に大きな交通事故を引き起こしました。この事故により、ミラーさんは重傷を負い、彼の家族はモーリンに対して損害賠償訴訟を起こすこととなりました。この訴訟では、モーリンがミラーさんに対して安全義務を負っていたかが最も重要な視点でした。

WA News | News | Australia

Quadriplegic car thief can sue for crash

KATHERINE FLEMING | The West Australian
Fri, 8 April 2011 7:42AM

まず、セホジュ地方裁判所で、モーリンはミラーさんに対して安全義務があると判断しましたが、控訴審では、ミラーさんとモーリンは自動車盗難の共犯とみなされたため、モーリンには共犯であるミラーさんに対して安全義務がないとの判断が下され、地

方裁判所の判決が覆されました。

これにより、家族はオーストラリアの最高裁判所（ハイコート）に上告することになりました。 2011年4月7日、オーストラリア最高裁判所は多数意見により、ミラー氏は事故直前に違法で自動車を使用する共犯行為を撤回したため、モーリンはミラー氏に対して注意義務があると判決しました。事故前にモーリンが運行中、ミラー氏に対する注意義務がないということは、事故の瞬間まで連結されないと述べました。つまり、ミラー氏が事故直前に「ストップ、俺降ろして！」と叫ぶ瞬間、ミラー氏は共犯行為を撤回し、この時点から車が道路から外れると、ミラー氏は共犯ではなくモーリンが運行する自動車の乗客となり、結果的に適切な注意義務を違反して事故を引き起こし、その結果、乗客であるミラー氏に損害を与えたと判決しました。

事件は再び西豊州地方裁判所に送致されましたが、先ほど地方裁判所でミラー氏の弁護士たちは、もしモーリンに安全義務があると判断された場合、ミラー氏は自身の負傷について50％の責任を認めることに同意しているとのことです。当事者間でどのような合意がなされたのか気になります。

数年前、韓国人労働者3〜4人が集まり、レンタカーをした事件を思い出す。レンタカーをする条件が整わず、オーストラリア市民権を持つ他の人の運転免許証とクレジットカードでレンタカーを借りたが、運転中に事故が発生し、運転手と乗客たちは大きな怪我を負ったことがあった。この時、レンタカーを他の人の名前で借りて一緒に乗っていた人々は他人の名前を盗用してレンタカーをした共犯に該当し、運転手は他の人々の怪我に責任を負うことになるのかなど、複雑な法律問題が発生した。彼らは結局、被害者たちの治療もきちんと受けずに、みんな痛い身体を引きずって早期退院し、韓国に逃げ帰ってしまったことがある。

自分たちは法律を遵守し、賢明な選択だったと思うかもしれませんが、筆者から見れば愚か極まりない行動でした。ここオーストラリアをそのまま去ってしまえば、全ての責任は去った人に帰されるのは明白です。自分たちが他人の名前を盗用した犯罪行為は別として、その部分に対する処罰と、自分たちが将来的に治療費などの補償を受けるべき金額を比較してみると、全く比較されないほど感情的な判断をしました。

家を救う

　　オーストラリアに到着したら、最初に解決しなければならないのは住居です。知り合いもおらず、適切な場所を見つけるまで、まずはバックパッカー向けの短期滞在施設に滞在することになります。

オーストラリア全体の家賃は急速に上昇しており、PropTrackのデータによると、過去12か月間で広告された賃貸価格は6.7%上昇しました。

賃貸料は場所、地域、部屋のサイズ、数などによって異なりますが、オーストラリアの主要都市を基準に、家具のない家（非家具付き）の賃貸料を見てみると、2023年2月現在の賃貸料はおおよそ以下のようになります。

City	Median house rent	Annual change
Sydney	$650	+8.3%
Melbourne	$480	+6.7%
Brisbane	$550	+11.1%
Adelaide	$500	+13.6%
Perth	$520	+13.0%
Hobart	$550	+5.8%
Darwin	$620	+3.3%
ACT	$690	+3.0%
All capital cities	$550	+11.1%

ここに加えて、入居時に約2週間分の敷金を預けることも考慮しなければなりません。多くの場合、ワーキングホリデーの参加者はこの賃料を節約するために3〜4人で家を借りて賃料を分担することもありますし、そうでない場合は英語の学習も兼ねてオーストラリア人の家の空き部屋を借りてルームシェアをするか、一緒に食事を提供してくれるボード（ボーディング）施設に入る場合もあります。

この場合、ルームシェア費やボード費は家主との交渉によって決まるため、孤独に住んでいるオーストラリアの高齢者の場合、部屋を提供してくれることも多く、運が良ければ週100ドル程度で住居を解決することもあります。

実際、ワーホリの場合、様々な場所を移動しながら観光もしながら仕事もしなければならないため、独立した住居を短期間で借りることは容易ではないでしょう。また、見つけたとしても、不動産仲介業者が要求する書類や敷金などの負担により、結局は住居探しを諦めて下宿を探すことになるでしょう。しかし、2〜3人が集まって短期間の賃貸住宅を借りることができれば、家賃を分担しながら非常に自由で便利な生活ができるため、一度は住宅賃貸を考えることも悪くないと思います。

一人暮らしの部屋を探す場合、ほとんどの地域の新聞で一人暮らしの部屋を探す広告を利用すれば良いでしょうが、インターネットがある場合は、www.gumtree.com.auにアクセスすると、シェアハウスの広告を多く見ることができます。

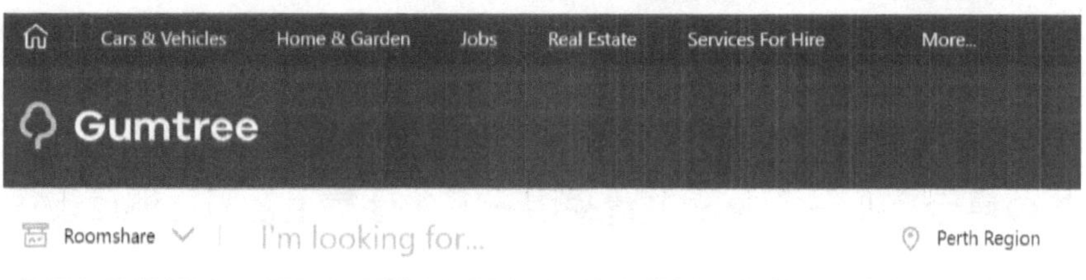

上の図の通り、左側で「Roomshare」を選択し、右側に希望する地域を入力して、右側の虫眼鏡マークをクリックすると良いです。筆者が2023年2月26日に検索した結果は以下の

通りです。

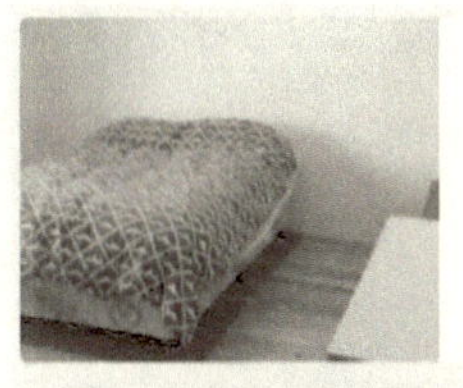

Furnished room $170 weekly   **$170**

• 1 Bathroom
FIFO worker wanted 2&1 Fully furnished double room.

Kewdale, WA
Yesterday

ROOM shared facilities INCL BILLS $220 PW   **$225**

EOI only ACCOMMODATION HAMILTON HILL - HEALY LODGE - SINGLE
FURNISHED ROOMS WITH BILLS INCLUDED $220 PER WEEK TOTAL
MOVE IN COSTS IS $1,350 – NO LEASE REQUIRED, MINIMUM STAY 6

Hamilton Hill, WA
24/02/2023

Room for rent   **$200**

room for rent in a nice furnished house , nice backyard , looking for a
tidy mature person , must be working , student ok , tell me little bit
about yourself if you inquiring .

Gumtree（ガムツリー）で適切なシェアハウスを見つけることができない場合、シェアハウスを探す広告を出すことも一つの方法です。このシェアハウス広告のウェブサイトは、www.flatmates.com.auという場所です。ここは、部屋を探す人と部屋を貸す人の両方が利用する場所であり、お互いに非常に便利なスペースです。登録方法を説明すると、まずGoogleでwww.flatmates.com.auのアドレスを入力します。

メイン画面で右側の[Find a place]をタップします。次に会員登録を行い、画面の指示に従って希望する部屋を入力し、連絡先を入力します。そして、待つだけです。

オーストラリアで部屋を借りる際に使われる用語は以下の通りです。

- **Room(s) in existing share house** – すでに家を共有している場所の部屋
- **Whoe property** – 独占
- **Studio flat** – ワンルーム形式の部屋
- **Granny flat** – 家にある小さな独立した家屋
- **1 bed flat** – 1部屋のアパート
- **Homestay** – 地元の家に部屋を借りて一緒に暮らすこと
- **Shared room** – 他人と共有する部屋
- **Student accommodation** – 学生寮

待って！オーストラリアの常識

オーストラリア消費者保護法には、法的な返金期間（Cooling Off Period）が存在します。商品やサービスを購入した場合でも、この期間内に気が変わって返金を要求する権利があります。返金期間は、通常営業日を基準にして約10日程度ですが、各州や状況によって多少の違いがあるため、問題が発生した場合は該当地域の情報を参照してください。

英語履歴書の準備

オーストラリアに到着し、宿泊施設を手配し、車も購入したら、次は仕事を見つけることだけですね。求職者が最初に行うべきことは、自己紹介の優れた英文履歴書を準備することです。

待って！オーストラリアの常識

オーストラリアでは、すべてのガソリンスタンドがセルフサービスです。まず、ガソリンを給油し、レジに行ってノズル番号を告げて支払いをすればいいです。深夜にガソリンスタンドで給油する場合、ほとんどの場合、プリペイド（前払い）を要求されます。その場合、給油機は作動しないので、レジに行って最初にいくら入れるかを確認したり、給油機に備えられたプリペイド支払い機を使用する必要があります。

英語では、履歴書は"Resume"または"Curriculum Vitae"と呼ばれます。略して"CV"とも言います。韓国の文房具店で販売されている韓国語の履歴書フォームは適切ではないため、ただ韓国語の履歴書を単純に英文に翻訳して使うという考えは捨てるべきです。英文履歴書は、自己を宣伝し、他の応募者よりも自分を際立たせ、結果的に雇用主が自分を選ぶようにするためのツールです。ですから、仕事を見つけたいという気持ちがあるならば、軽く考えてはいけません。

履歴書に必ず含まれるべき事項は、雇用主の立場から知りたい情報です。雇用主が何を知りたいのでしょうか？想像しながら、以下のような事項が必ず履歴書に含まれるようにしなければなりません。

自分がいつから働けるのか
雇用主の要件や期待にどのように応えることができるのか
自分の学歴や資格が雇用主が求める職種に適していること
自分がその職種に適した経験とスキルを持っていること
そしてその職種に自分が最も適した専門家であること

英文の履歴書は、日本の履歴書と異なり、決まった形式はありません。　自分自身の独創性を発揮して自由に書いてもいいですが、オーストラリアで最も一般的に使用されている履歴書の書き方があります。https://www.resume-now.com/

に行けば、英文履歴書のテンプレートが提供されています。ただし、一般的に履歴書に含まれるべき事項は以下の通りです。

◻　　連絡先（Contact Details）

自分の連絡先は、履歴書の一番上に配置するようにします。連絡先には、名前、住所、電話番号、携帯電話番号、およびメールアドレスを含めます。そして、名前、電話番号、メールアドレスは各ページの上部に表示されるようにします。時折、メールの名前を専門的でないものとして使用する人がいますが、メールの名前も品位のある名前に変更して使用するようにしましょう。また、メールの名前に数字と英字を混ぜると、混同が生じる可能性があるものは避けるべきです。たとえば、数字の0と英字のoを一緒に使う場合や、小文字のlと大文字のIを混同する場合などです。

◻　　個人情報（Personal Details）

オーストラリアは人権に関する国際協定に加盟している国であり、年齢、性別、宗教、障害などの理由で差別をしてはならないと規定されています。したがって、年齢や結婚の有無などの個人情報を履歴書に具体的に記載する義務はありません。特に年齢に関しては、あまりにも若すぎる場合や少なすぎる場合には、むしろ言及しない方が専門家の意見ではより良いとされています。しかし、自身にとって生年月日を明示することが有利だと考える場合は、必ずしもこの事実を隠す必要はないと思われます。

□　　　レイアウト (Layout)

履歴書の全体的なレイアウトは、できるだけシンプルで明確な方が良いです。フォントサイズは読みやすいサイズに設定します。オーストラリアではよく使用されるフォントはTimes New RomanまたはArialで、サイズは11または12程度が適切です。日本のように履歴書のテーブルを作成するために多くのスペースを無駄にする必要はありません。連絡先情報とキャリアを中心に、履歴書を進化させていくことが望ましいです。

各見出しは本文よりも太字にすることが、太字と下線を一緒に使用するよりも読みやすいと言われています。もし望むなら、箇条書きを使用しても構いませんが、その場合は必ず一貫した書体を使用するようにしてください。たまにさまざまな色や形状の箇条書きを使用して、混乱するように見える履歴書もありますので、それらは避けるべきです。

☐　　主な利点またはキャリアの概要 (Key Strength or Career Summary)

オーストラリアでは、多くの履歴書において、主な長所や経歴の概要を最初に書く傾向が見られます。主な長所に関しては、自身がアピールできる特徴的なスキルを重点的に列挙することが望ましいです。

つまり、

> **High level computer skills in using the MS-Office** マイクロソフト製品を使用できる高度なコンピュータ技術
>
> **Three years experience in serving customers of convenient stores and restaurants** レストランとコンビニエンスストアの顧客サービスで3年間の経験

このような利点を挙げる代わりに、キャリアの概要で履歴書を始めることもできます。これは、筆者が好んで使用する履歴書作成方法で、自身のすべての経歴を要約し、数文で自己紹介することを意味します。

以下は、筆者の昔の履歴書から一部を抜粋したものであり、皆さんは仮想的なキャリア概要と考えて参考にしてください。

Fluently speaking English, being able to make and translate advanced English documents, especially talented in negotiation with overseas companies, I have experienced the information industries for over 10 years and held the ability to practically develop any application software. Moreover, I have various site experiences of information, investigation, and inquiries acquired while serving as a foreign affairs police investigator. (英語を流暢に話し、高度な英文書を作成および翻訳する能力を持ち、特に海外企業との交渉において優れた才能を持っています。10年以上情報産業での経験があり、実際にあらゆるアプリケーションソフトウェアを開発する能力を持っています。さらに、外交警察捜査官として勤務している間に得た、情報収集や調査、問い合わせに関するさまざまな現場での経験もあります。)

구인구직 전문가인 Mr Napier에 따르면 일부 구직자들의 이력서를 보면 그들의 경력 개요에 "to utilise my skills in a professional environment for the mutual benefit of myself and employer" (나 자신과 고용주 서로간의 이익을 위하여 전문 환경에서 나의 기술을 활용하고자) 식의 표현이 있는데 이것은 그야 말로 의미없는 말이고 아예 이런 글들은 꼴보기도 싫다고 하였으니 참조하기 바란다.

☐　　教育と訓練 (Education & Training)

次に教育およびトレーニングを記載してください。最も高い学歴から順に記述してください。方法は、学校名、教育期間、卒業/修了の有無、取得学位（卒業証書、学士号など）を記載すればよいです。ここには、産業研修や社内教育などをすべて含めることができます。

つまり、

The Australian National University, 2/2007 - 12/2008, Achieved Master of Law.

このように列挙すればいいです。

☐　　キャリア内容 (Professional History)

経歴概要を作成したら、今度は具体的な内容を逆日付順に記入すればよいです。各経歴に必ず含まれる項目は、役職、雇用主、日付、実際に行った業務などです。以下は簡単に作成された1ページの英文履歴書ですので、参考にしてください。

JASON LEE

Contact number: 0400-000-0000
Address: 12 Hilton Ct Wilson 6107 WA
Email: myemail@naver.com

About Me	Hi! I'm a friendly, enthusiastic and mature team worker on a working holiday visa from South Korea. I'm flexibly in search of a casual job, open and excited to various job opportunities. My English is not fluent yet but I'm continuously studying to improve.
Key Skills	• Native Korean speaker • Assembling computer • Computer maintenance • Hard-working with a focus to continually learn and improve
Work Experience	**Position:** Mechanical design Hyosung Heavy Industries, Changwon City, South Gyeongsang Province, Korea *Aug 2021 – Nov 2022*
Qualifications	• Industrial Engineer Machinery Design • Graphic Technology Qualification Level 1
Education	**Computer Science & Graphics** Daejeon National University of Science and Technology *Sep 2019* High School Examination *Mar 2014*
Referee	**Name:** Bruce Yoon **Position:** Solicitor **Relationship:** Landlord **Contact number:** 0411 898 575

□　　会員権と資格 (Memberships and Licences)

以下の文を参考にして、ここには自身の技術や関連する会員資格や免許がある場合、重要なものから述べることができます。

10/12/1987 Licensing Department in W.A.

　　　Driver' s License A

09/08/1990 Australian Computer Society

　　　Student Member

□　　趣味と興味 (Hobbies and interests)

この項目を履歴書に含めるかどうかは、専門家によって意見が分かれる。もし、この項目を含めたい場合は、身元保証者の項目の前に書くことができる。ただし、一部の専門家の意見によると、審査官の趣味や関心事とは異なる候補者の場合、選択可能性から除外される傾向があると言われているので、各自が判断する必要がある。

□　　身元保証人 (Referees)

履歴書のRefereesには、自分をよく知っている2〜3人の名前と電話番号を記載すれば良いです。また、最後に「Written references available upon request」と記載することが良いでしょう。

　上記の内容を適用した履歴書のサンプルを本書の最後に添付していますので、参考にしてください。

待って！オーストラリアの常識

オーストラリアでは、Referee と呼ばれる人々が重要視され、信頼性のある役割を果たします。履歴書や求職申込書、賃貸契約書などでは、この Referee がほぼ常に必要とされるため、オーストラリアに到着したらまず、自分の信頼性を保証してくれる人、つまり近くの教会の牧師や司祭、警察官、教授、医師などの社会的に信頼できる人が適格です。

オーストラリア納税者番号（TFN）を申請する

オーストラリアで働くためには、まずオーストラリア納税者番号が必要です。この番号がないと雇用主も仕事を依頼することができません。したがって、オーストラリアで働くためには、必ずこの納税者番号が必要です。

今回は納税者番号をどこでどのように申請するか調べてみましょう。納税者番号はhttps://www.ato.gov.au/iar で申請することができます。納税者番号の申請には費用はかかりませんし、申請も非常に簡単です。しかし、間違ってインターネット上のhttps://www.au-taxservices.com/applyに入ってしまうと、そこはお金を取って納税者番号を代わりに申請してくれる個人のウェブサイトなので、必ずオーストラリア税務庁のウェブサイトを利用しましょう。

ステップ1 - Identification

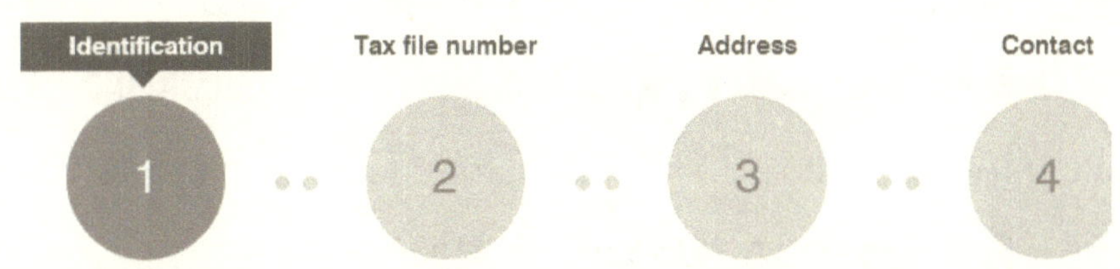

Identification

All fields marked with * are mandatory.

Travel documentation

We will use the information you enter here to:

> check your details with the Department of Home Affairs
> confirm you are eligible for a TFN.

Enter the information **exactly** as it appears on your passport or travel document.

Passport or travel document number *

Passport or travel document country of origin *

Select

Have you ever visited Australia before? *

◯ Yes

◯ No

最初に、インターネットで https://www.ato.gov.au/iar を
入力すると、案内画面が最初に表示されます。緑色の

[Start] ボタンを押すと、以下のような画面が表示されるでしょう。

[Passport or travel document number *] - 自分のパスポート番号を入力します。[Passport or travel document country of origin *] - パスポート発行国を選択する欄ですが、日本人はみんな「Japan」と選択します。

[Have you ever visited Australia before? *] - 訪問したことがあれば「はい」を、そうでなければ「いいえ」をクリックしてください。

[Title] - 男性は「Mr」、女性は結婚の有無によって「Mrs」または「Miss」と表示されます。男性が自分の結婚の有無を表示したくない場合は、「Ms」を選択します。

[Family name *] - パスポートに記載されている通り、自分の姓を入力します。

[First given name] - 自分のパスポートに記録されている通り、正確に名前を入力します。多くの人々が名前を入力する際には、スペースを無視する傾向がありますが、スペースもパスポートに記録されている通りに正確に入力する必要があります。

[Other given names] - 敬称と名前で構成される人には該当

しないため、無視しても構いませんが、自分の名前が特に長い場合は、ここに残りの名前を入力します。

[Are you, or have you been, known by any other names? *]-自身の名前を一度でも変更したことがある方は、すべて「Yes」を選択し、変更前の名前をここにすべて記入してください。変更を行っていない場合は、「No」を選択してください。

もし「Yes」をクリックした方は以下を参照してください。それ以外の方は案内事項を省略し、直接下記の「Tax file number」に進んでください。

[Other name type *] - ここには多くの選択肢が表示されますが、それぞれの意味は以下の通りです。

Maden Name – 旧姓は、主に結婚した女性に該当します。

Name at Birth – 誕生時の名前

Assumed Name (known as)-よく知られた名前、つまり別名のようなもの**Indigenous Name** – 先住民が持つ名前で日本人は該当しません

Previous Married Name – 以前の婚姻で取得した名前

Shortened Name – 愛称

Anglicised Name – 英語式名

Other Name – その他の名前

[Date of Birth *]-生年月日を日/月/年の順で記入します。

[Gender *]- 自分の性別に応じて選択すればいいです。過去の韓国の官公庁の書類では、性別を記入する欄には「Sex」と書かれることが多かったです。これが何を記入すべきかわからない地方のおじさんは、ここに「週1回」と自分の性交回数を書いてお腹を抱えて笑った。

[Do you have a spouse? *] - 配偶者がいる人は「Yes」、いない場合は「No」と回答します。

ワーホリの場合、同伴家族を連れてくることができないため、ほとんどが未婚と考えられますが、もし早く結婚して配偶者を韓国に残した場合や、配偶者と一緒にワーホリでオーストラリアに来た場合、両方の配偶 者の情報もここに公開しなければなりません。

Do you have a spouse? *

(●) Yes   ( ) No

Spouse details

Title
Select

Family name *

First given name

Other given names

ステップ2 – Tax file number

ステップ1 – Identification 画面をすべて入力したら、下部の緑色のボタン[Next（次へ）]を押して、2段階目の画面に移動します。

[Have you ever applied for a Tax File Number (TFN) or Australian Business Number (ABN) before? *] - TFNまたはABNを以前に申請したことがあるかどうか尋ねているので、以前に申請した有無に応じて回答すればよいです。

[Have you ever had a TFN or ABN in your name before? *] - 以前、自分の名前で登録されたTFN（納税者番号）やABN（Australian Business Number）を持っていたことがあるか尋ねています。ほとんどの場合、「No」に該当するでしょう。

[Have you ever ever lodged a tax return in Australia? *] -オーストラリアで税金の返金申請をしたことがありますか？つまり、税金の返金申請をするにはTFN（税務記号）またはABN（事業者番号）が必要ですので、この質問は同じ文脈に属していると考えられます。

[Do you own property or have other business interest in Australia? *] -オーストラリアに個人の財産や事業権があるかどうかを尋ねるものです。

[I have authorized Centrelink to receive my TFN from the

ATO *] - センターリンクにおいて、自身のTFNを直接税務署から受け取ることを許可したことがあるか尋ねます。センターリンクとは、オーストラリアの総合福祉センターです。上記のように入力し、画面の下部右側の緑色のボタン[Next]を押すと、次の3段階のアドレス画面が表示されます。

ステップ3 - Address

ここは申請後28日以内に郵送で受け取る住所を記入する場所です。TFNを確実に受け取るために、自分の友人や親戚の住所を使用しても構いません。住所を入力すると、自動的に住所が完成するため、一部の住所のみを入力して選択後、詳細な住所は後で入力することです。　もし即座に就職して雇用主がTFNを要求する場合、オンライン申請直後に発行される仮のTFNでも構いません。

郵便住所を記入した後、[Next]を押すと、居住先の住所を入力する画面が右側に表示されます。もしオーストラリアに定まった居住先の住所がない場合は、韓国の住所を使用しても構いません。

Current home address

Your residential address cannot be a post office (PO) box number. If you are applying as a temporary visitor you can use your home country address as your residential address.

☐ My residential address is the same as my Australian postal address

Country *

AUSTRALIA

Search address *

e.g. level 15 100 Miller St North Sydney

もし住所が先ほど入力した TFN の郵送先住所と同じ場合は、[My residential address is the same as my Australian postal address] を選択します。

ステップ4 – Contact

上記のように住所の入力が終わったら、最後に連絡先を入力してください。ここにはオーストラリアの携帯電話番号とメールアドレスのみを記入すればよいです。

もし自分自身のオーストラリアの連絡先がなく、他の人の連絡先を利用する必要がある場合は、その人の携帯電話番号とメールアドレスを代わりに入力し、下記の [I want to

provide contact details for another person]をクリックして
ください。

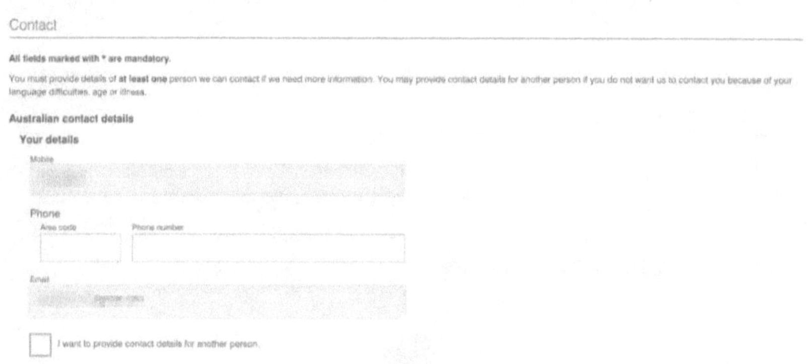

そして、以下の最終画面が表示されたら、 [Tick this box
to sign this declaration] をクリックし [ロボットではありま
せん]を確認した後、 [Submit]ボタンを押せば終了です。

第5章 10万ドル可能ですか？

就職のための資格

オーストラリアで認められる資格がある場合、それは
ないよりも雇用に有利であるでしょう。しかし、専門資格の
場合、数年かかることや費用がかかることなど、実用的では
ない欠点があります。そのような場合、韓国の資格があれば、
オーストラリアの技術審査を通じて同等の資格を認めてもら
うこともできますし、韓国で学んだ経歴を認めてもらい、オ
ーストラリアの職業学校で短期間で教育を受けて資格を取得
する方法もあります。

RPL – 事前学習認定制度
事前学習認定（RPL）は、公式および非公式の学習を通じて
獲得した能力を評価し、学習単位の要件を満たしているかを
確認するプロセスです。

RPL申請に必要な書類は以下の通りです。

- ■ 履修した教育記録
- ■ 評価項目
- ■ 評価記録
- ■ 雇用主のキャリア確認書

オーストラリアのRPL評価機関は、各州の教育省で行われているため、自分が居住している州の教育省に問い合わせればいいでしょう。

RSA – Responsible Service of Alcohol(責任ある酒類サービス)

オーストラリアの飲食店で働くためには、RSA（Responsible Service of Alcohol）の資格証明書が必要です。　この資格があれば、バーテンダーやレストラン、カラオケなど、さまざまな場所で仕事を探す際に有利になるかもしれません。　RSA資格証はわずかな手数料を支払えばオンライン講座で簡単に取得することができます。英語の文を読み理解するレベルであれば、誰でも短期間で取得することができます。

23.3.3文字でインターネットでRSAを検索すると、オンラインコースで24ドル支払うと資格証明書がもらえるという広告があります。このようにインターネットでRSAのオンラインコースを見つけて取得しておくと、将来的にオーストラリアでの就職機会がより広がるでしょう。

ALL   TRAVEL   IMAGES   VIDEOS   MAPS   CHAT   ⋮ MORE

About 191,000,000 results   Date ▾   ♀ Results near Perth, Western Australia · Change

RSA Online WA - Only $24 - Online Course - Fast & Easy

https://www.eot.edu.au ▾

Ad **RSA** Certificate Online - Australia - QLD, WA, SA, NT, ACT. Online - RTO:40592 - SITHFAB002
Provide Responsible Service of Alcohol
Available 24/7 · Pay Only When You Pass · Official Course · Fast & Easy
4.5/5 ★★★★⯪ (127K reviews)

Instant Certificate
Instant download once completed

Lowest Price Guarantee
Instantly Beat Prices by 10%

仕事を求める

宿泊施設が用意され、自動車と携帯電話もあり、履歴書も準備されているので、これから本格的に仕事を探してみましょう。

オーストラリアでの求職活動は、主に以下のような経路で行われます。

1) 知人及び新聞広告による求職活動

2) ワーキングホリデー支援プログラム利用

3) オンライン求職活動

4) 採用代理店による求職

1) 知人及び新聞広告による求職活動

ワーキングホリデー参加者の場合、先に来た友人や知人を通じて仕事を見つけることが多く、英語のコミュニケーションが円滑でない場合、多くの人が韓国系の店で低賃金の仕事に就くことがあります。

しかし、筆者の見解では、韓国で高校卒業程度の語彙力があれば、恐れることなく直接求職活動を行うことができると考えています。

まず、無料でも有料でも地元の新聞をすべて集めて、職業に関連するセクションを調べてみてください。自分が興味のある職種があれば、ためらわずに電話をかけます。そして、次のように話します。

I saw your advertisement looking for a cleaner. Is the position still available?
(掃除員を募集中の広告を見ましたが、その職種はまだ有効ですか？)

相手が「Yes」とか「No」と言うことになっている場合、「No, I am sorry it is not.」などと言われたら、「Ok, thank you anyway」（わかりました、とにかくありがとうございます）と言って電話を切ればいいです。そして、「Yes」と言われたら、「I would like to take the job. May I see you as soon as possible?」（その仕事を受けたいです。できるだけ早くお会いできますか？）と言って、すぐに会いに行けばいいです。そして現場で手探りしながら一つずつ覚えていけばいいです。この求職活動で使われる英単語は非常に限られているため、数回試してみると使う言葉が分かり、自信がつくでしょう。

私のいとこは数年前にワーキングホリデービザを取得してオーストラリアに行った経験があります。私の両親はガイド役として彼を案内し、求人広告が新聞に載っている場所ならどこでも彼の履歴書をランダムに送りました。その中で、ドーナツ店から電話がかかってきました。いとこは電話が鳴った瞬間、英語が自信がないと言って私の娘に代わりに電話を取ってもらいました。私の娘は電話を受け、いとこがドーナツ店で働きたいと応募したと状況を説明しました。すると、彼らはいとこの代わりに別の人物を希望し、電話で面接することになりましたが、いとこは相手の言葉を正しく理解せず、ただ「はい」と答えるだけでした。状況がおかしいと感じた私は電話を取り、会話に介入しました。私はいとこがまだオーストラリアに来て間もないため、英語での電話会話はまだ慣れていないと説明し、直接会って話すことでより良く理解できると説明しました。

事実はそうです。英会話に慣れていない人にとって、電話で相手の顔も見ずに英語で会話するよりも、直接顔を見ながら会話する方が理解しやすいです。結局、ドーナツ店のオーナーとの面接の約束を取り付け、数日後にその店で実際の面接を行った後、その店で時給いくらで働くことになりました。

2) ワーキングホリデー支援プログラム利用

新聞広告を通じて就職活動をすることもできますが、皆さんはワーキングホリデービザの保持者ですので、ワーキングホリデープログラムを利用することも一つの方法となります。

ワーキングホリデープログラムの提供会社としては、The Global Work & Travel Co.（ザ・グローバル・ワーク＆トラベルカンパニー）や Alliance Abroad（アライアンス・アブロード）などがあります。これらの会社はワーキングホリデービザ保持者に対して、滞在期間中に保証された就職機会を提供し、場合によっては空港ピックアップや現地での定住の紹介、社会活動の手配なども行います。また、要望があれば住居の探しも手助けするだけでなく、銀行口座開設や納税者番号申請までサポートすることもあります。

以下は、これらの企業のウェブアドレスですので、興味がある方は是非、これらの企業にご連絡ください。

A. ザ・グローバルワーク＆トラベルカンパニー（The Global Work & Travel Co.）
https://www.globalworkandtravel.com/

B. アライアンスアブロード（Alliance Abroad）
https://allianceabroad.com/programs/australia/

3) オンライン求職活動

これらのオンライン検索エンジンから、自分の状況に合った仕事を探すことができるため、多くの求職者や雇用主がインターネットを通じて求人・求職活動を行うことが一般的になりました。オーストラリアでは、シーク（Seek）、インディード（Indeed）、ジョラ（Jora）、キャリアワン（Career One）、バックパッカージョブボード（Backpacker Job Board）などのオンラインプラットフォームが求職者と雇用主を結びつける役割を果たしています。以下に、これらのオンライン検索エンジンのウェブアドレスを示します。

短期または契約雇用で検索範囲を狭めると、ワーキングホリデーに適した職場が見つかる可能性が高くなります。一部の求人広告では、ワーキングホリデーを探している場合もあります。

下記はそれらのプラットフォームのオンラインアドレスです。

A. シーク**(Seek)**

https://www.seek.com.au/

B. インディード**(Indeed)**

https://au.indeed.com/

C. ジョラ**(Jora)**

https://au.jora.com/

D. キャリアワン**(Career One)**

https://www.careerone.com.au/

E. バックパッカージョブボード**(Backpacker Job Board)**

https://www.backpackerjobboard.com.au/

4) 採用代理店による求職

自分で仕事を探し回るよりも、求人代行会社に求職申し込みをしておく方が、代行会社が代わりに職場を見つけてくれます。求人代行会社は、求職者の持つ技術や経験を基に関連性のある仕事を見つけて応募し、採用されるまでの一連のプロセスにおいて支援をしてくれるため、便利です。しかし、このように便利であっても直接仕事を探す理由は、求人代行会社が多額の手数料を取ってしまうのではないかという心配からでしょう。しかし、オーストラリアの法律上、求人代行会社は雇用主に手数料を請求することができますが、求職者には手数料を請求することはできません。これにより、求人代行会社が直接雇用し、職場は求人が必要な雇用主に送り、働く形態を取ることもあります。どの方法が良いかは、各自が考えてみる必要があります。

採用代行会社を選ぶと、最終採用が確定する前に何回かの面接が行われることがあります。その際、採用代行会社は面接時にどのように対応するかなど、アドバイスをしてくれるため、一人で求職活動をするよりも心強いでしょう。以下はオーストラリアの採用代行業務を行うプラットフォームです。

A. ランステッド **(Randstad)**

https://www.randstad.com.au/

B. エッジ雇用ソリューション **(Edge Employment Solutions)**

   https://www.edge.org.au/

C. ジャブラピド **(Jobrapido)**

   https://au.jobrapido.com/

D. アデコ **(Adecco)**

   https://www.adecco.com.au/

E. 11 採用 **(11recruitment)**

   https://11recruitment.com.au/

F. クローバルウォーク **&** トラベル **(Global Work and Travel)**

   https://www.globalworkandtravel.com/

オーストラリアの平均賃金

オーストラリアに到着して、馴染みのない場所で顔見知りが仕事を紹介してくれると言ったら、自分が韓国で受けていた給与よりも高いと驚いて受け入れて仕事を始めてみると、オーストラリアの平均時給と比べて著しく低いと不満を抱くことがあるでしょう。そんな時に備えて、オーストラリアの平均賃金体系についてある程度の知識を持っていると役立つで

Average weekly earnings, key statistics

		Nov 2022	Nov 2021 to Nov 2022
		$	% change
	Full-time adult average weekly ordinary time earnings	1,805.90	3.2
Trend	Full-time adult average weekly total earnings	1,875.20	3.4
	All employees average weekly total earnings	1,376.60	3.7
	Full-time adult average weekly ordinary time earnings (a)	1,807.70	3.4
Seasonally Adjusted	Full-time adult average weekly total earnings	1,876.80	3.6
	All employees average weekly total earnings (a)	1,378.60	3.7
	Full-time adult average weekly ordinary time earnings	1,807.70	3.4
Original	Full-time adult average weekly total earnings	1,878.50	3.6
	All employees average weekly total earnings	1,378.60	3.7

(a) This component is not seasonally adjusted.

しょう。

オーストラリア統計局によると、2022年11月時点でオーストラリアの成人の平均週給は1,805.90ドルと計算されました。年収に換算すると93,906.8ドルになります。これは前年比3.2%の増加です。

2022年7月1日より、オーストラリアの最低賃金は時間あたり21.38ドルで、週38時間で週812.60ドルになります。そのため、オーストラリアで働く場合は、最低限この金額以上を受け取る必要があります。また、正社員でない場合は、この時給から25%増額された金額を受け取る必要があります。つまり、最低賃金は時間あたり21.38ドルですが、これは正社員の場合であり、あなたはパートタイムで働かなければならないため、25%増額された時間あたり26.73ドルを受け取る必要があります。

時々、仕事を見つけると、仕事を行う能力があるかどうかを確認するために試用期間を設ける場合があります。この場合、通常、1〜2週間仕事に就く場合がありますが、一部の雇用主は、この期間を試用期間と呼んで給与を支払わない場合があります。オーストラリアでは、雇用主が法的に無給で仕事をさせることができる場合を厳しく規制しています。

一般的に、仕事を始める前に、仕事を行う能力があるかどうかを確認するには、通常、監督者が一緒に作業してその作業のパフォーマンスを評価する場合があります。ただし、雇用主が作業の実行能力を判断するために、作業指示のみを行い、一定期間労働しなければならない場合は、これは合法的な無給期間に該当しません。

これらのオーストラリアの労働者の権利は、オーストラリア公正労働オンブズマンのウェブサイト（https://www.fairwork.gov.au/）で詳しく説明されていますので、参照してください。

1年内に10万ドル稼ぐことができるか？

この本の副題を「1年内に10万ドル稼ぐことができるか？」という理由があります。オーストラリアにワーホリで到着して何も知らず、スキルもない人がどのようにお金を稼ぐことができるのか疑問を提起することもできるでしょうが、実際に筆者が目撃したワーホリの体験談を皆さんにお伝えするためです。

1年ぶりに10万ドル稼ぐためには、1ヶ月におおよそ8,000ドル以上を稼がなければなりません。週単位で計算すると、おおよそ2,000ドル程度の収入が必要です。実際にプログラミングや配管溶接などの専門技術を持つ人々は、週に2,000ドル以上を稼ぐことは非常に簡単なことです。特殊配管溶接を行う人々は、サイトに出れば時給60ドルから120ドルを得ます。週に38時間を計算すると、最低時給60ドルを維持すれば2,280ドルになります。

しかし、ほとんどの若者ワーキングホリデー参加者の場合、週に2,000ドルを稼ぐためには、週に38時間基準で時給52.60ドル以上の仕事をしなければならないと考える必要があります。専門職ではない一時的な仕事をしなければならない皆さんの場合、そのような時給を得ることができる場所は、危険な鉱山や建設現場の特殊な状況を除いてほとんど存在しないと考える必要があります。

それでもなお、ある韓国の若者は1億ウォンを稼ぐ挑戦の物語を筆者に伝えてくれました。彼は2018年、28歳の時にワーキングホリデービザでオーストラリアにやってきました。当時のオーストラリアの最低賃金は18.93ドルでした。パース市内で生活するよりも、より利益の出るという噂を聞き、彼は北端に位置する小さな町、クヌナラ（Kununara）へ向かったそうです。私の記憶では、ノーザンテリトリー準州と近い場所であると思います。

ここでは働く人手が不足していて、町のショッピングセンターや主要な仕事のほとんどは、韓国のワーキングホリデービザの持ち主が占めていました。私が最初に見つけた仕事は、幸運なことに夜間の警備業務で、宿泊施設が無料で提供されました。夜の10時から朝の6時まで、8時間働き、朝に宿舎に戻ると、午前10時や11時ごろには目が覚めるということです。そこで、昼間もお金を稼ぐ必要があると思い、様々な求職活動をしながら、午前10時から夜の6時まで1日8時間、コンビニで働くことになりました。

こうして週収を計算してみると、約1,800ドルほどになりました。当時の韓国では考えもしなかった金額を稼いだと言います。

その後、2018年末に筆者と再会した時、この若者はまた別の仕事を見つけたと自慢しました。それは週末に清掃の仕事をすることで、追加の300ドルの収入があり、週収合計2,100ドルを稼ぐと自慢しました。疲れていないかと聞くと、彼は元々眠れない体質で、どうせオーストラリアにお金を稼ぎに来たのだから遊ぶことはなく、お金を稼ぐことが趣味になったと言いました。

この若者の話は嘘ではありませんでした。誰もが1億を稼ぐことはできませんが、努力する者にはチャンスがあるのはオーストラリアです。この若者のように3つの仕事を見つけることも簡単ではなく、見つけても健康が続かなければならないのです。

この本のタイトルについて結論を述べるとすれば、オーストラリアのワーキングホリデービザ保持者が1年という短い期間内に1億ドル以上の収入を得ることは非常に難しいですが、全く不可能ではないということです。もし挑戦してみるつもりであれば、以下の事実を考慮に入れることをお勧めします。

1. 高い賃金を支払う職業を選ぶ必要があります。 東洋人ワーホリ参加者は多く、誰でも簡単にできる仕事は給料が低いです。オーストラリアでは、IT、医療、エンジニアリング、または金融関係の職種が高い給料を支払う業種です。これらの職種では、接客業や消費者産業よりもはるかに高い給料が支払われます。

2. 先に例を挙げた若者のように、一生懸命働かなければなりません。 残業する機会があれば、まずそれを取るようにしてください。週末や夜に働くと、より多くの賃金を受け取ることができます。健康が許すなら、週末や夜間に追加の収入を得ることができる仕事を見つけることも役立ちます。複数の仕事をすることはオーストラリアでは非常に一般的です。

3. 雇用主と勇気を持って給与交渉をしてください。 ほとんどの日本人は、雇用主に露骨に要求する行動が失礼になるのではないかという懸念のために何も言えませんが、オーストラリアでは、自分の権利は自分自身で探さなければならないため、スキルと経験を兼ね備えた人がそれにふさわしい適切な待遇を求めることは、能力のある行動と見なされます。

4. 節約する行動をする お金を稼ぐことも重要ですが、賢く使うこともさらに重要です。そのため、無駄な浪費をしないように注意する必要があります。特に、韓国のワーホリは、カジノに入る際に注意する必要があります。韓国では経験したことのないギャンブルの魅力に簡単にはまってしまうからです。

5. 税金を節約する これは、税金還付申請に必要な領収書などを注意深く記録して保管しておく必要があります。オーストラリアでは、税率が高いため、お金を稼ぐ以上に節税が重要です。特に、ワーキングホリデービザで働く人には、居住者よりも税率が高いため、節税はさらに重要です。

オーストラリアの税金と節税

2017年1月1日以前は、ワーホリはオーストラリアの居住者規則に従って税金を支払い、オーストラリアの永住者や市民と同じ税率が適用されました。

しかし、一部のワーホリは、これらの規則を悪用して、税金を申告せずに母国に逃げたり、一部のオーストラリアの永住者や市民に利用されて、意図せずに脱税をしたりするケースもありました。

2017年1月1日より、ワーホリには特別な税率が適用され、累進課税されます。オーストラリアでは、お金を稼ぐことも重要ですが、税金を節約することも非常に重要です。そのため、オーストラリアの税率をよく理解し、どのような場合に税金を節約できるかを勉強しておくことが重要です。

2023年5月27日現在、ワーホリメーカーに適用される税率は以下の通りです。

課税対象所得　　　　　　適用税率

0 to $45,000　　　　　　15%

$45,001 to $120,000　　　$6,750プラス追加所得$41,000まで32.5%

$120,001 to $180,000　　　$31,125プラス追加所得12万ドル以上の37%

$180,000 and over　$53,325プラス追加所得18万ドル以上の45%まで

ワーキングホリデーメーカー（バックパッカー）の税制は、他のオーストラリアの居住者が支払う税金よりも高い税率を課しています。つまり、上記の表のように、ワーホリメーカーには非課税限度額がなく、すべての収入に対して$45,000までは15%、それ以降の収入については32.5%から最高税率45%が適用されています。

2017年、イギリスのワーキングホリデーメーカーのAddy[4]は、オーストラリアで2年間のワーキングホリデーを終えて帰国する前に、その年の収入$26,576に対して税金の還付を申請しました。オーストラリア税務局は、2017年7月1日から変更された税法に基づき、15%の税金を納付するよう通知しました。Addyは、自分に適用された税率がオーストラリアとイギリスが締結した国際協定に違反していると主張し、オーストラリア税務局長にオーストラリアの居住者と同一の税率を適用するよう要求しました。もしオーストラリアの居住者と同一の税率を適用すると、Addyは当時の非課税額である$37,000よりも収入が少なかったため、税金を1円も払わなくてもよかったでしょう。

オーストラリアの最高裁は、最初の判決で国税庁に有利な判断を下し、「バックパッカー税はオーストラリアとイギリスの条約義務に準拠している」と判決しました。しかし、アディは判決に異議を申し立て、上訴した結果、オーストラリアとイギリスの条約に従い、アディは居住者税率を適用するべきであると判決されました。

---

[4] **Addy v Commissioner of Taxation [2021] HCA 34**

この判決により、納税者がオーストラリアと租税条約を締結し、NDA（非差別条項）を含むワーキングホリデービザプログラムに参加する国の国民である場合、税法上の居住者要件を満たす場合、居住者税率が適用されます。現在、オーストラリアとNDAを含む租税条約を締結している国は、チリ、フィンランド、ドイツ、イスラエル、日本、ノルウェー、トルコ、イギリスのみです。

残念ながら、日本はここに含まれていないため、日本人はバックパッカー税が適用されます。これが節税に努めるべき理由です。

それでは、課税額を下げるために、最大限の経費記録を保管し、払い戻し申請時に活用する必要があります。収入、つまりお金を稼ぐために必要な費用はすべて記録しておく必要があります。例えば、仕事が掃除で、ある場所から別の場所に移動して掃除しなければならない場合、移動する車の維持費、燃料費、保険料、駐車料などをすべて請求することができます。また、自分の仕事に必要な作業服や安全靴を着用しなければならない場合、これらの費用をすべて控除することができます。詳細な節税方法については、国税庁のウェブサイト（https://www.ato.gov.au/）または周りの専門家のアドバイスを参照してください。

イト（https://www.ato.gov.au/）または周りの専門家のアドバイスを参照してください。

どんなことができますか？

オーストラリアでは、日本のワーキングホリデーメーカーができることがたくさんあります。オーストラリアは、さまざまな産業や分野で働く機会を提供しており、日本のワーキングホリデーメーカーが働くことができる分野は、ホテル、レストラン、カフェ、コンビニ、ガソリンスタンド、スーパーマーケットなどさまざまです。

また、建設、農業、鉱業、製造業など、さまざまな産業でも働くことができます。オーストラリアで働くことができる分野には制限がなく、能力とスキルがあれば、自分が好きな分野で就職することができます。ただし、オーストラリアで働くためには、オーストラリアの就職市場と規制、そしてオーストラリアでの生活様式などについての理解が必要です。

バーテンダー (Bartender)

社交的で英語をある程度話せるワーホリであれば、オーストラリア最高のジン、ウイスキー、ワインを提供するバーやレストランでバーテンダーの仕事をするのが良いでしょう。ただし、飲み物の提供を開始する前に、オーストラリアの酒類関連規則を教えるRSA（Responsible Service of Alcohol）のトレーニングを受ける必要があります。バーテンダーのメリットは、時給が高いことです。ほとんどの場合、夕方や週末に仕事をするためです。

家事代行(Housekeeping)は、

オーストラリアで美しい景色と素晴らしい観光地で無料の宿泊を提供するため、バックパッカーやワーホリの間では非常に人気のある仕事です。ホステル、ホテル、ブティックのホームステイの家事代行の求人広告にも注目してください。

ウェイター (Waiter)

バーテンダーと同じように、オーストラリアのレストランのウェイターの仕事は、ワーホリにとって楽しい実用的な仕事になる可能性があります。ここでも、レストランがアルコール飲料サービス許可を持っている場合は、すべての RSA

証明書を提示する必要がある場合があります。ただし、ウェイターの仕事は費用がかからず、特別なトレーニングは必要ないため、ワーホリに最適です。

果物摘み (Fruit Picker)

農場で果物を摘む仕事は、ワーホリをする人にとても人気のある職業の一つです。それは、ほとんどの時給も高く、宿泊も提供され、ここで働いた経験で2回目のワーホリビザの申請も可能だからです。農場で働くためには、特定の教育や資格は必要ありませんが、安全靴、手袋、安全作業服などが必要になる場合があります。もし、どうしてもこのような仕事をしたいと考えているのであれば、韓国で自分に合った安全作業服を準備して来るのが良いでしょう。やはり、このような物品の価格は、オーストラリアよりも韓国の方が安いからです。

受付係または事務補助員 (Receptionist or Administrative Assistant)

英語が流暢で社交的な女性ワーホリは、このような職業に挑戦してみるのも良いでしょう。このような職種は、主に事務職の勤務時間と同じ時間に勤務するため、週5日午前9時から午後5時まで働く場合が多く、ほとんどが最低賃金より高い給与を受け取ります。ほとんどの企業は、顧客を満足させるために、受付で親切で親切な人が必要であるため、需要が高いです。複数の応募書類を提出して面接が取れたら、清潔な服装で明るい性格で対応すれば、成功する可能性が高くなります。

建設現場の雑役夫 (Construction Worker)

オーストラリアの都市と地域には常に建設現場があります。前回のコロナ危機を乗り越えるために、オーストラリア政府は建設支援金を大幅に支給しました。その結果、現在、建設業は需要が多いですが、働く人が少なく、契約を完了するのが困難です。これは、韓国人ワーホリにとって、さまざまな仕事の機会があることを意味します。また、建設現場で働くと、2次ワーホリビザの資格も取得できます。

建設現場で働くためには、安全に作業ができる準備ができていることを示すホワイトカードを所持する必要があります。このホワイトカードのコースでは、一般的に1日で完了でき、費用は一般的にAUD $50未満です。この授業には、手袋、安全靴、安全メガネなどの機器費用が追加される場合があります。

建設現場の雑役夫だからといって馬鹿にしてはいけません。オーストラリアの建設現場で車の管理をしても、一日の給料は最低賃金をはるかに上回る金額を受け取ることができます。

オーストラリアには日本人が経営するさまざまな企業があります。例えば、日本の大手流通業者であるセブンイレブンとローソンはオーストラリアにも進出しており、日本の大手飲食業者であるマクドナルドとケンタッキーフライドチキンもオーストラリアで人気があります。また、オーストラリアには日本人が経営するさまざまな学校や病院もあります。

オーストラリアで日本人が進出した理由は次のとおりです。

- オーストラリアは経済が安定しており、生活の質が高い国です。
- オーストラリアは日本に近く、アクセスしやすいです。
- オーストラリアは日本人にとって働きやすい環境を提供しています。
- これらの理由から、オーストラリアには多くの日本人が移住して生活しています。

添付

1. ウォーホルビザ申請書見本
2. 自動車仲介商の手紙
3. 英文履歴書見本

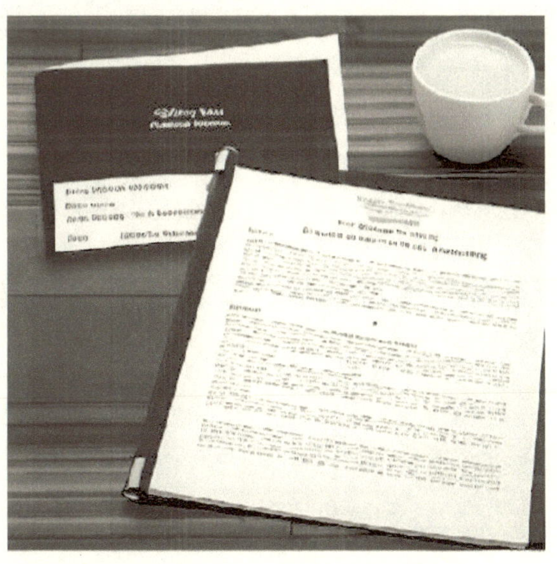

1. ウォーホルビザ申請書見本

Australian Government

Department of Home Affairs

Department of Home Affairs
Application for a Working Holiday Visa

Not Yet Lodged

Terms and Conditions

View Terms and Conditions   View Privacy statement

Yes
I have read and agree to the terms and conditions

Application context

Current location

Give details of the applicant's current location.

Current location: **KOREA, SOUTH**

Select the applicant's citizenship or visa status in their current location.

Legal status: **Citizen**

Current application

Will the applicant be accompanied by dependent children at any time during their stay in Australia on this visa?

No

Has the applicant ever been granted and entered Australia on a Work and Holiday visa (subclass 462) before?

No

COVID-19 affected visa details

Was the last Working Holiday visa held by the applicant a COVID-19 affected visa?

No

Application Type

Select the type of working holiday visa the applicant is applying for:

First Working Holiday visa (subclass 417)

Has the applicant been granted and entered Australia on a first Working Holiday visa (subclass 417) before?

No

Proposed arrival date

Proposed arrival date: **15 Apr 2023**

Generated: Wed, 14 Dec 2022 12:54:06. AEDT   Reference Number: EGOVOYBKQM   Page 1 of 10

Application for a Working Holiday Visa

Applicant

Information: Entering names incorrectly may result in denial of permission to board an aircraft to Australia, or result in delays in border processing on arrival to Australia, even if the applicant has been granted a visa.

Passport details

Enter the following details as they appear in the applicant's personal passport.

Family name: **Lee**
Given names: **Jinyong**
Sex: **Male**
Date of birth: **05 Dec 1997**
Passport number: **M000X6497**
Country of passport: **KOREA, REPUBLIC OF (SOUTH) - KOR**
Nationality of passport holder: **KOREA, REPUBLIC OF (SOUTH) - KOR**
Date of issue: **24 May 2022**
Date of expiry: **24 May 2027**
Place of issue / issuing authority: **Ministry of Foreign Affairs**

It is strongly recommended that the passport be valid for at least six months.

National identity card

Does this applicant have a national identity card?
Yes

National identity card

Enter details exactly as shown on the national identity card.

Family name: **Lee**
Given names: **Jinyong**
Identification number: **971205-1110000**
Country of issue: **KOREA, SOUTH**

Note: If the National identity card does not have a Date of issue or a Date of expiry, do not enter a date. Leave the field/s blank.

Date of issue:
Date of expiry:

Place of birth

Town / City: **Dongrae-gu**
State / Province: **Busan**
Country of birth: **KOREA (SO STATED)**

OFFICIAL: Sensitive
Personal Privacy
Application for a Working Holiday Visa

Relationship status

Relationship status: **Never Married**

Other names / spellings

Is this applicant currently, or have they ever been known by any other names?
Yes

Other names / spellings

Family name: **Lee**
Given names: **Sunyong**
Reason for name change: **Other**
Give details: **To avoid being bullied**

Citizenship

Is this applicant a citizen of the selected country of passport (KOREA, REPUBLIC OF (SOUTH))?
Yes
Is this applicant a citizen of any other country?
No

Other passports or documents for travel

Does this applicant have any other passports or documents for travel?
No

Other identity documents

Does this applicant have other identity documents?
Yes

Other identity documents

Enter details exactly as shown on the identity document.

Family name: **Lee**
Given names: **Jinyong**
Type of document: **Drivers licence**
Identification number: **12-00-620691-00**
Country of issue: **KOREA, SOUTH**

Health examination

Has this applicant undertaken a health examination for an Australian visa in the last 12 months?
No

OFFICIAL: Sensitive
Personal Privacy
Application for a Working Holiday Visa

Critical data confirmation

All information provided is important to the processing of this application.
If the information included on this page is incorrect, it may lead to denial of permission to board an aircraft to Australia, even if a visa has been granted.
Confirm that the following information is correct and that it is in the correct fields.

Family name:	**Lee**
Given names:	**Jinyong**
Sex:	**Male**
Date of birth:	**05 Dec 1997**
Country of birth:	**KOREA (SO STATED)**
Passport number:	**M000X6497**
Country of passport:	**KOREA, REPUBLIC OF (SOUTH) - KOR**
Is the above information correct?	**Yes**

Contact details

Country of residence

Usual country of residence: **KOREA, SOUTH**

Department office

The applicant may be required to attend an Australian Government Office for an interview. Which is the closest office to the applicant's current location?

Office: **South Korea, Seoul**

Residential address

Note that a street address is required. A post office address cannot be accepted as a residential address.

Country:	**KOREA, SOUTH**
Address:	**Any APT 501ho,**
	35, Yeogobuk-ro 23beon-gil,
Suburb / Town:	**Dongnae-gu,**
State or Province:	**BUSAN-GWANGYEOSKI (BUSAN)**
Postal code:	**47838**

Postal address

Is the postal address the same as the residential address?

Personal Privacy
OFFICIAL: Sensitive

Application for a Working Holiday Visa

Yes

Contact telephone numbers

Enter numbers only with no spaces.
Home phone:
Business phone:
Mobile / Cell phone: **01099009900**

Email address

Email address: **bruce@changalic.com.au**

Authorised recipient

Does the applicant authorise another person to receive written correspondence on their behalf?
This authorises the department to send the authorised person all written correspondence that would
otherwise be sent directly to the applicant.
                    Yes, a legal practitioner
This person is referred to as the 'authorised recipient'.
Has the applicant appointed this person to provide them immigration assistance?
                    Yes

Legal practitioner contact details

Legal practitioner

Legal practitioner number   **5511104**
(LPN)
Family name: **Yoon**
Given names: **Bruce**
Organisation: **Chan Galic Barristers & Solicitors**

Postal address

Country: **AUSTRALIA**
Address: **50 Melville Parade**
Suburb / Town: **SOUTH PERTH**
State / Territory: **Western Australia**
Postcode: **6151**

Contact telephone numbers

Enter numbers only with no spaces.
Business phone: **0893252611**
Mobile / Cell phone: **0411898575**

Application for a Working Holiday Visa

Electronic communication

The Department prefers to communicate electronically as this provides a faster method of communication.

All correspondence, including notification of the outcome of the application will be sent to:

Email address: **bruce@changalic.com.au**

Note: The holder of this email address may receive a verification email from the Department if the address has not already been verified. If the address holder receives a verification email, they should click on the link to verify their address before this application is submitted.

Occupation and education

Occupation

Usual occupation of the applicant: **Engineer**

Does the applicant intend to work during their time in Australia?
Yes

Select the industry the applicant intends to seek employment in.

Industry type: **Information Media and Telecommunications**

Education

Select the applicant's highest qualification

Qualification: **Graduate Diploma**

Health declarations

In the last five years, has any applicant visited, or lived, outside their country of passport, for more than 3 consecutive months? Do not include time spent in Australia.
No

Does any applicant intend to enter a hospital or a health care facility (including nursing homes) while in Australia?
No

Does any applicant intend to work as, or study or train to be, a health care worker or work within a health care facility while in Australia?
No

Does any applicant intend to work, study or train within aged care or disability care while in Australia?
No

Does any applicant intend to work or be a trainee at a child care centre (including preschools and creches) while in Australia?
No

OFFICIAL: Sensitive
Personal Privacy
Application for a Working Holiday Visa

Does any applicant intend to be in a classroom situation for more than 3 months (eg. as either a student, teacher, lecturer or observer)?

No

Has any applicant:
• ever had, or currently have, tuberculosis?
• been in close contact with a family member that has active tuberculosis?
• ever had a chest x-ray which showed an abnormality?

No

During their proposed visit to Australia, does any applicant expect to incur medical costs, or require treatment or medical follow up for:
• blood disorder
• cancer
• heart disease
• hepatitis B or C and/or liver disease
• HIV infection, including AIDS
• kidney disease, including dialysis
• mental illness
• pregnancy
• respiratory disease that has required hospital admission or oxygen therapy
• other?

No

Does any applicant require assistance with mobility or care due to a medical condition?

No

Character declarations

If the applicant answers 'Yes' to any of the character declarations they must give all relevant details. For combined applications, state which applicant the declaration applies to.
If the matter relates to a criminal conviction, provide:
• the date and nature of the offence
• full details of the sentence
• dates of any period of imprisonment or other detention.
Has any applicant ever been charged with any offence that is currently awaiting legal action?

No

Has any applicant ever been convicted of an offence in any country (including any conviction which is now removed from official records)?

No

Has any applicant ever been the subject of a domestic violence or family violence order, or any other order, of a tribunal or court or other similar authority, for the personal protection of another person?

No

Has any applicant ever been the subject of an arrest warrant or Interpol notice?

No

Has any applicant ever been found guilty of a sexually based offence involving a child (including where no conviction was recorded)?

Application for a Working Holiday Visa

No

Has any applicant ever been named on a sex offender register?
No

Has any applicant ever been acquitted of any offence on the grounds of unsoundness of mind or insanity?
No

Has any applicant ever been found by a court not fit to plead?
No

Has any applicant ever been directly or indirectly involved in, or associated with, activities which would represent a risk to national security in Australia or any other country?
No

Has any applicant ever been charged with, or indicted for: genocide, war crimes, crimes against humanity, torture, slavery, or any other crime that is otherwise of a serious international concern?
No

Has any applicant ever been associated with a person, group or organisation that has been or is involved in criminal conduct?
No

Has any applicant ever been associated with an organisation engaged in violence or engaged in acts of violence (including war, insurgency, freedom fighting, terrorism, protest) either overseas or in Australia?
No

Has any applicant ever served in a military force, police force, state sponsored / private militia or intelligence agency (including secret police)?
No

Has any applicant ever undergone any military/paramilitary training, been trained in weapons/ explosives or in the manufacture of chemical/biological products?
No

Has any applicant ever been involved in people smuggling or people trafficking offences?
No

Has any applicant ever been removed, deported or excluded from any country (including Australia)?
No

Has any applicant ever overstayed a visa in any country (including Australia)?
No

Has any applicant ever had any outstanding debts to the Australian Government or any public authority in Australia?
No

Working holiday declarations

Warning:
Giving false or misleading information is a serious offence.
The applicant declares that they:

Application for a Working Holiday Visa

Understand that they must abide by the conditions of the visa.
Yes

Understand that the visa they are applying for does not permit them to be employed in Australia with one employer for more than 6 months without prior permission.
Yes

Understand that the visa they are applying for does not permit them to undertake studies or training for more than 4 months.
Yes

Have sufficient funds for the initial period of their stay in Australia and for the fare to their intended overseas destination on leaving Australia.
Yes

Understand that any employment is incidental to their holiday in Australia and the purpose of working is to supplement their holiday funds.
Yes

Declarations

Warning:
Giving false or misleading information is a serious offence.
The applicants declare that they:
Have read and understood the information provided to them in this application.
Yes

Have provided complete and correct information in every detail on this form, and on any attachments to it.
Yes

Understand that if any fraudulent documents or false or misleading information has been provided with this application, or if any of the applicants fail to satisfy the Minister of their identity, the application may be refused and the applicant(s), and any member of their family unit, may become unable to be granted a visa for a specified period of time.
Yes

Understand that if documents are found to be fraudulent or information to be incorrect after the grant of a visa, the visa may subsequently be cancelled.
Yes

Understand that if this application is approved, any person not included in this application will not have automatic right of entry to Australia.
Yes

Will inform the Department in writing immediately as they become aware of a change in circumstances (including change of address) or if there is any change relating to information they have provided in or with this application, while it is being considered.
Yes

Have read the information contained in the Privacy Notice(Form 1442i).
Yes

Application for a Working Holiday Visa

Understand that the department may collect, use and disclose the applicant's personal information (including biometric information and other sensitive information) as outlined in the Privacy Notice(Form 1442i).

Yes

Give consent to the collection of their fingerprints and facial image if required.

Yes

Understand that, if required to provide their fingerprints and facial image, the applicant's fingerprints and facial image and biographical information held by the Department may be given to Australian law enforcement agencies to help identify the applicant and determine eligibility for grant of the visa being applied for, and for law enforcement purposes.

Yes

Give consent to Australian law enforcement agencies disclosing the applicant's biometric, biographical and criminal record information to the Department to help identify the applicant, to determine eligibility for grant of a visa and for law enforcement purposes.

Yes

Give consent to the Department using the applicant's biometric, biographical and criminal record information obtained for the purposes of the Migration Act 1958 or the Citizenship Act 2007.

Yes

As an applicant:

I understand that if my visa ceases to be in effect and I do not hold another visa to remain in Australia at that time, I will be an unlawful non-citizen under the Migration Act 1958. As such, I will be expected to depart from Australia, and be subject to removal under the Migration Act 1958.

Yes

Australian values

Each applicant who is 18 years or over has read, or had explained to them, information provided by the Australian Government on Australian society and values, and agrees to the Australian values statement.

Yes

Life in Australia booklet   Australian values statement

2. 自動車仲介商の手紙

Your name
Your address
Your phone number
Your email address (if you have one)

Date

Name of dealer
Street
Suburb/Town
State Postcode

Dear Sir/Madam

Re: (insert vehicle make, model and registration number)

On (date) I purchased a motor vehicle from your dealership (put the vehicle details here, for example, year, make, model and registration number). Unfortunately, the vehicle has not been satisfactory because (say what the problem is, for example, it is leaking oil from the engine. If you have already taken the car back, state what action has been taken and what the results have been, for example, 'Your mechanic inspected my vehicle and agreed to fix the problem under warranty, however, when I collected the vehicle and started using it again, the problem was still there').

I would appreciate it if you could organise to (say what you want the dealer to do, for example, have the problem fixed/use another repairer to fix the problem) by (date). As I am sure you can appreciate, I rely on my car for transport and apart from the inconvenience, this problem has also caused me to incur additional cost (I have kept the receipts as proof).

I look forward to settling this matter amicably. If, however, the matter is not satisfactorily resolved by (date), I will consider taking further action to resolve the complaint either through the Department of Commerce or through the courts.

Yours faithfully

(Your signature)
(Your name)

3. 英文履歴書見本

JOE SMITH

205 Smith Drive, Smithville NSW 2008
Home ph: 02 9000 5555   Mobile: 0444 444 444   Email: e.smith@hotmail.com

CAREER OVERVIEW

A sales management professional with seven years' experience in the media industry, I have worked on newspaper, web and television products. I have a proven track record of developing new business and motivating a team to consistently exceed targets. I've recently completed a Masters of Business Administration and am now seeking a new professional challenge.

KEY STRENGTHS

The aim of the section is to give the person reading your resume a quick snapshot of what you have to offer in the hope they instantly place you in the short list pile. As a guide, six points is good but there is no real rule. Another tip, be specific. I see a lot of "Excellent Communication Skills" but what does that mean? Here are some examples:

- High level computer skills including Excel, Word and Powerpoint
- Five years experience in customer service both face to face and phone based
- Strong business development capabilities with European experience
- Experience developing sales and marketing collateral
- Active toastmasters public speaker

CAREER HISTORY

May 2003 – Present Sales Manager

Global Web Media

Describe the company's main activity or focus. This is appropriate for those coming from overseas or in cases where the company might be largely unknown. Organisations like IBM, News Limited, Suncorp or the big banks, to name a few examples, will need no explanation.

Key responsibilities

Provide detailed summary of the role's key responsibilities and accountabilities. Do not go for the longest list, be concise and to the point. Try not to include the obvious i.e. – to meet sales targets.

Sourced from http://career-advice.careerone.com.au/resume-cover-letter/sample-resume/sample-resume-kate-southam-recommended/article.aspx

- o Develop and execute sales strategies
- o Maintain and strengthen a large portfolio of clients
- o Coach, mentor and motivate sales team
- o Manage sales budgets and set targets

Key achievements

- o Closed major deals and followed up senior business relationships with Universal McCann, Columbia Pictures, Starcom and Viacom
- o Named employee of the Year 2004

Feb 2001- Apr 2003 Business Development Executive

D&D Media, London

Company description

Key responsibilities

- o Develop relationships across targeted accounts
- o Manage all sales related aspects for allocated accounts
- o Review pricing and service levels
- o Identify new sales and marketing opportunities
- o Develop product literature and sales collateral

Key achievements

- o X
- o X
- o X

EDUCATION & TRAINING

Start with your highest qualification first

- o 1996 - 1999 University of Sydney

Bachelor of Commerce – majoring in Marketing & International Business

- o 1998 Saint Louis University, Madrid, Spain

Semester exchange program

- o 1989 - 1995 Sydney Boys High School

Higher School Certificate, UAI 95.8

- o   July 2005 Negotiation skills course

Eastern Suburbs Community College

- o   Oct 2004 Internal workshop - Building customer relationships

Global Web Media

- o   Aug 2003 Sales Management Training

XYZ Sales Training College

PROFESSIONAL MEMBERSHIPS

Include only those relevant to your career. Some examples:

- o   Media Industry Association: Member since: May 2001
- o   Newspaper Association of Australia: Member since: 2002

HOBBIES & INTERESTS

- o   Waterskiing
- o   Rock climbing
- o   Cooking
- o   Travel

REFEREES

Some people choose to include their referees while others do not.

Option 1:

Referees will be provided upon request

Option 2:

Name: [insert name]

Company: [insert company name, location]

Relationship: [Provide details of professional relationship e.g. former manager at company XYZ]

Email: [insert email address]

Land Line: [insert land line contact details]

Mobile: [insert mobile contact details]

Sourced from http://career-advice.careerone.com.au/resume-cover-letter/sample-resume/sample-resume-kate-southam-recommended/article.aspx

ABOUT THE AUTHOR

　この本の著者である弁護士ブルース・ユンは、以前は外交警察官として 5 年間勤務した後、オーストラリアに留学してコンピュータ科学を学びました。ソフトウェア開発とコンサルティングの仕事の後、合併・買収プロジェクトに参加しながら神学の研究を追求しました。その後、IT/BT ビジネスを経営しながら法学部に入学し、弁護士になりました。

　この本に加えて、著者は様々なトピックに関する本を執筆しています。例えば、「私の韓国とオーストラリアでの経験」「韓国の草分けたち」「オーストラリアの弁護士になった韓国の警察官の物語」「30 年後の韓国 - AI ChatGPT による韓国の未来予測」「オーストラリアと韓国の法と文化に関する比較論文」などがあります。

www.ingramcontent.com/pod-product-compliance
Lightning Source LLC
Chambersburg PA
CBHW020256180726
47994CB00027B/335